BIM 全过程工程咨询应用系列丛书

建筑工程成本管理与 BIM 技术应用

主　　编：张　川　常　明　张建洁　刘云峰　李　莉　杨克生
副 主 编：杨　影　乔　鑫　赵京龙　徐　凯　赖红艳　张海静　张树强
　　　　　宋国东　张洪钧　闫丽敏　高大勇　殷　鸣　苏　鑫
主　　审：常　城　曹凤新　王晓帆
组织编写：淄博建泓工程顾问有限公司
　　　　　青岛市公用建筑设计研究院工程咨询分院
　　　　　山东瀚广建设项目管理有限公司

中国建筑工业出版社

图书在版编目（CIP）数据

建筑工程成本管理与BIM技术应用/张川等主编；杨影等副主编；淄博建泓工程顾问有限公司，青岛市公用建筑设计研究院工程咨询分院，山东瀚广建设项目管理有限公司组织编写. —北京：中国建筑工业出版社，2023.6
（BIM全过程工程咨询应用系列丛书）
ISBN 978-7-112-28807-6

Ⅰ.①建… Ⅱ.①张…②杨…③淄…④青…⑤山… Ⅲ.①建筑工程－成本管理－应用软件 Ⅳ.①F407.967.2-39

中国国家版本馆CIP数据核字（2023）第103766号

本书以山东省住房和城乡建设厅编制的《山东省建筑工程消耗量定额》SD 01 31—2016和国家标准《房屋建筑与装饰工程工程量计算规范》GB 50854—2013，以及中国建筑标准设计研究院编制的22G101系列图集为依据编写。在编写过程中根据实际施工图纸，力求循序渐进、层层剖析，尽可能全面系统地阐明建筑工程各分部分项工程的计价规范说明和工程量计算规则的应用，使读者在正确理解清单和定额应用的同时，掌握清单计价和工程量计算规则，保证准确高效地计算工程量，从而正确且快速地进行计价。BIM技术以实际工程项目施工阶段BIM应用过程为主线，介绍了用Revit软件进行项目创建，以及结构、建筑专业建模方法。本书紧扣工程造价理论与实践，最大限度地与生产管理一线相结合，简单易懂，实用性强，实际可操作性强。

本书可作为二级造价师考试辅导教材，高等院校工程管理、工程造价、房地产经营管理、土木工程、审计、资产评估及相关专业师生的实用参考书，也可以作为BIM工程师、施工单位、建设单位、设计单位及监理单位的工程造价人员、工程造价管理人员、钢筋精细化管理人员、工程审计人员等相关专业人士的参考用书。

责任编辑：曹丹丹
责任校对：张 颖
校对整理：赵 菲

BIM全过程工程咨询应用系列丛书
建筑工程成本管理与BIM技术应用
主　编：张 川　常 明　张建洁　刘云峰　李 莉　杨克生
副主编：杨 影　乔 鑫　赵京龙　徐 凯　赖红艳　张海静　张树强
　　　　宋国东　张洪钧　闫丽敏　高大勇　殷 鸣　苏 鑫
主　审：常 城　曹凤新　王晓帆
组织编写：淄博建泓工程顾问有限公司
　　　　　青岛市公用建筑设计研究院工程咨询分院
　　　　　山东瀚广建设项目管理有限公司
*
中国建筑工业出版社出版、发行（北京海淀三里河路9号）
各地新华书店、建筑书店经销
北京鸿文瀚海文化传媒有限公司制版
北京云浩印刷有限责任公司印刷
*
开本：787毫米×1092毫米 1/16　印张：11¼　字数：271千字
2023年7月第一版　　2023年7月第一次印刷
定价：**39.00**元
ISBN 978-7-112-28807-6
（41253）

版权所有　翻印必究
如有内容及印装质量问题，请联系本社读者服务中心退换
电话：（010）58337283　　QQ：2885381756
（地址：北京海淀三里河路9号中国建筑工业出版社604室　邮政编码：100037）

前　言

钢筋翻样和 BIM 技术应用在工程计量与计价和成本管理中起到非常重要的作用，尤其钢筋工程是一项繁琐、复杂、细致、工程量浩大的分项工程，其在工程成本中占据了重要地位。因此，加强对钢筋工程的精细化管理，保证钢筋翻样的准确性，对于保证工程质量，控制工程成本，发挥着非常重要的作用。

本书以工程实际需求为导向，以钢筋精细化管理、成本管理、BIM 技术的专业基础知识和关键技术为主线进行编写。本书共分四章：第一章为钢筋精细化管理，介绍基础、柱、梁、板构件钢筋构造及钢筋翻样，并以实际案例工程图纸讲解钢筋翻样具体操作过程；第二章为成本管理，以案例工程介绍定额计量与计价、工程量清单计量与计价的具体操作，并从两种计价模式的概念、计价过程、计价结果和取费方法进行异同比较，帮助读者更好地理解定额计价和清单计价程序；第三章为 BIM 技术应用，通过案例工程，借助 Revit 软件对案例的建筑、结构建模的设计及翻模过程进行精细化讲解，给读者提供一个建模样例，指导读者掌握 BIM 土建建模的方法、流程；第四章为施工图纸，是本书案例工程的建筑施工和结构施工图纸，该工程图纸构件类型齐全，具有很强的代表性，可作为钢筋精细化管理、工程计量与计价和 BIM 建模的范例。

山东省工程建设标准造价协会 2020 年 2 月编印的山东省二级造价工程师职业考试培训教材《建设工程计量与计价实务》（土木建筑工程）一书，是实行二级造价工程师制度以来，山东省唯一的官方培训教材（以下简称原培训教材）。本书将原培训教材的附录图纸，稍作补充和完善，作为本书第四章，并在此基础上展开前三章的内容。

本书可作为二级造价工程师职业考试培训辅导教材，亦可作为工程造价、工程管理、钢筋精细化管理、BIM 工程师、工程审计等相关专业人员的工具用书，以及高等院校相关专业的教学参考用书。

由于本书编写时间短促，水平有限，虽查阅大量资料及各类设计规范和施工验收规范、标准、施工手册等，进行多次现场实际观察，并全面地进行审查、对比和论证，仍难免有不足之处，欢迎广大读者朋友在学习中提出自己的意见和见解，可发邮箱至 493721889@qq.com，也可以致电 13561616424，共同研讨以求完善，不胜感谢。

目 录

第一章 钢筋精细化管理 / 001

第一节 基础构件 ……………………………………………………………… 002
第二节 柱构件 ………………………………………………………………… 008
第三节 梁构件 ………………………………………………………………… 021
第四节 板构件 ………………………………………………………………… 034
第五节 钢筋管理 ……………………………………………………………… 042

第二章 成本管理 / 046

第一节 定额计量与计价 ……………………………………………………… 049
第二节 工程量清单计量与计价 ……………………………………………… 094
第三节 比较与异同 …………………………………………………………… 127

第三章 BIM 技术应用 / 133

第一节 项目创建 ……………………………………………………………… 134
第二节 结构专业建模 ………………………………………………………… 142
第三节 建筑专业建模 ………………………………………………………… 150

第四章 施工图纸 / 155

第一节 建筑专业 ……………………………………………………………… 155
第二节 结构专业 ……………………………………………………………… 165

参考文献 / 174

第一章　钢筋精细化管理

随着建筑行业竞争日益激烈，建筑企业对成本的控制能力愈发成为最重要的核心竞争力之一。由于钢筋工程在项目中所占比重最大，占 25%～35%，是主材中的"主材"，因此，钢筋成本控制是工程造价成本控制的"重中之重"。

钢筋工程相对于其他建筑分项工程而言，具有专业性强、精算难度大、涉及环节多、工序繁琐复杂、工程量大、翻样要求细致精准等特点，而目前多数项目的钢筋工程缺乏全面系统的管理与协调，管理上存在一定的脱节与漏洞。为保证钢筋成本能得到有效控制，提出了钢筋工程精细化管理的要求，以减少浪费、降低消耗，实现项目管理提质增效。钢筋翻样属于混凝土结构钢筋深化设计范畴，钢筋翻样前，可基于经验设置一些长度模数，如 3000mm、4500mm、6000mm、9000mm 等，应尽可能使每根钢筋的下料长度符合长度模数，以便在钢筋加工时优化断料，降低废料率。

钢筋配料单中的钢筋标注尺寸与断料长度宜以毫米为单位并取整数，当以厘米为单位时，应保留小数点后一位数字。断料长度可以采用不同的单位，但精度应保持一致。以毫米为单位取整和以厘米为单位保留小数点后一位数在精度上是一样的。当钢筋配料单中断料长度以毫米为单位时，可根据经验将末位数 1、2、3、4 调整为 5，将末位数 6、7、8、9 调整为 10，即当断料长度以毫米为单位时，断料长度末位数仅为 5 和 0，也可以四舍五入进行考虑。

1. 基础：柱、墙基础插筋及其对应的封闭箍筋、水平分布筋与拉筋应包括在基础构件的钢筋配料单中。

2. 柱：柱变截面处的上柱插筋和定位箍筋应包括在下柱构件配料单中。纵筋采用电渣压力焊连接时，计算下料长度应考虑接头每侧钢筋的损耗，每一接头两侧钢筋的下料长度可增加钢筋直径的 1.0～1.5 倍。

3. 墙：配置在约束边缘构件非阴影区的箍筋应包括在约束边缘构件的钢筋配料单中，配置在约束边缘构件非阴影区的拉筋宜包括在墙身钢筋配料单中。墙变截面处的上墙插筋和定位水平筋应包括在下墙构件配料单中。

4. 梁板：当采用划分施工段时，需要考虑到伸出长度的接头错开率以及接头位置，采用钢筋机械连接时，应考虑原材端头的切平损耗。对在加工厂或施工现场切断的钢筋，断点两侧应满足切平要求。

绘制钢筋排布图的目的，一是检验钢筋配料单的正确性，二是为钢筋绑扎提供依据。因此，排布图中的钢筋应与配料单中的钢筋一一对应，并且每根钢筋都应有精准的定位尺寸。

第一节 基础构件

一、基础构造

(一)独立基础

1. 边长 < 2500mm

边长 < 2500mm 时,如图 1-1 所示。

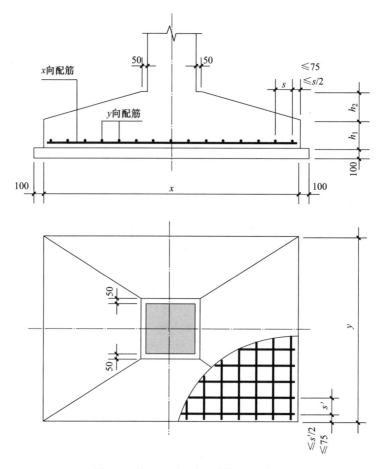

图 1-1 独立基础底板配筋构造示意图

所有底板钢筋的下料长度 = 底板边长 −2× 保护层
底板钢筋的排布范围 = 底板边长 −2min(75,$S/2$)
S 代表底板长向钢筋间距;S' 代表底板短向钢筋间距。
根数 = 底板钢筋的排布范围 / 间距 +1

2. 边长 ≥ 2500mm

(1)对称独立基础,如图 1-2 所示。
底板四周钢筋的下料长度 = 底板边长 −2× 保护层
底板缩减钢筋的下料长度 =0.9× 底板边长(不需要扣除保护层)

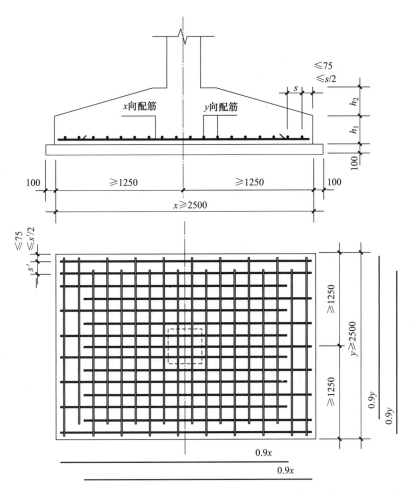

图 1-2　对称独立基础底板配筋长度减短 10% 构造示意图

底板钢筋的排布范围 = 底板边长 $-2\min(75, S/2)$

S 代表底板 x 向钢筋间距；S' 代表底板 y 向钢筋间距。

根数 = 底板钢筋的排布范围 / 间距 +1

除外侧钢筋外，底板配筋长度可取相应方向底板长度的 0.9 倍，交错放置。交错布置缩减后的钢筋必须伸过阶形基础的第一台阶，

即：

缩减钢筋根数 = $[$底板边长 $-2\min(75, S/2)]/S-1$

基础边缘的第一道钢筋不宜减少 10%，如果减少了，边角部位会出现无筋素混凝土区，钢筋网片在角部没有收头。无筋素混凝土区对基础安全是有不利影响的。

（2）非对称独立基础，如图 1-3 所示。

当非对称独立基础底板长度 ≥ 2500mm，但该基础某侧从柱中心至基础底板边缘的距离 < 1250mm 时，钢筋在该侧不应减短。

底板不缩减钢筋的下料长度 = 底板边长 $-2×$ 保护层

底板缩减钢筋的下料长度 = $0.9×$ 底板边长（不需要扣除保护层）

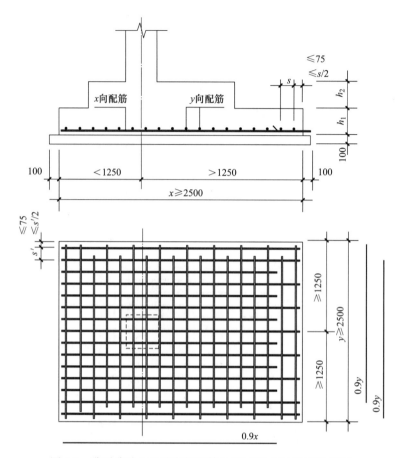

图 1-3 非对称独立基础底板配筋长度减短 10% 构造示意图

底板钢筋的排布范围 = 底板边长 $-2\min(75, S/2)$

钢筋总根数 = $[底板边长 -2\min(75, S/2)]/S+1$

当计算数值为奇数时,总根数不变,其中底板不缩减钢筋根数 = 底板缩减钢筋根数 +1,即总根数 = 底板不缩减钢筋根数 + 底板缩减钢筋根数(因为两端有 2 根长度不缩减,减少 10% 缩减长度,就要下调 1 根)。

当计算数值为偶数时,总根数不变,其中底板不缩减钢筋根数 = 底板缩减钢筋根数,即总根数 = 底板不缩减钢筋根数 + 底板缩减钢筋根数。

(二)条形基础

《混凝土结构施工图平面整体表示方法制图规则和构造详图》22G101-3(独立基础 条形基础 筏形基础 桩基础)图集将条形基础分为板式条形基础和梁板式条形基础两种形式,截面形式分为阶形和坡形,如图 1-4、图 1-5 所示。

剪力墙下条形基础一般采用平板式条形基础;柱下条形基础应采用梁板式条形基础。在工程中,有时设计为了加强墙下条形基础的整体刚度,也设置基础梁,此时的基础梁与 22G101-3 中的基础梁 JL 不同,应按设计要求进行施工。

根据条形基础底板的受力特征,底板短向是受力钢筋,先铺在下;长向是不受力的分布钢筋,后铺在受力钢筋的上面。

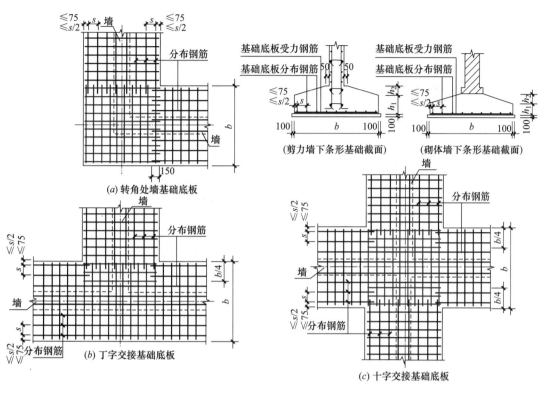

图1-4 板式条形基础底板配筋构造示意图

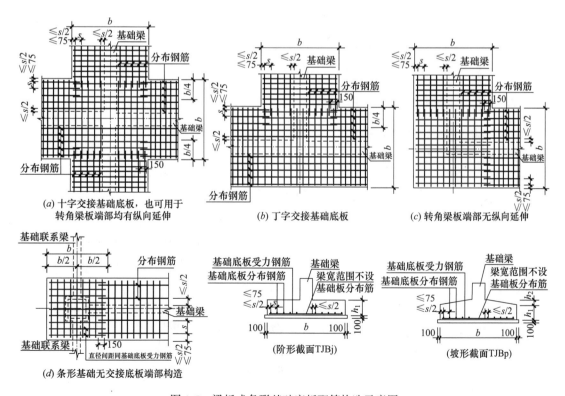

图1-5 梁板式条形基础底板配筋构造示意图

受力钢筋：

底板 b 不缩减钢筋的下料长度 = 底板边长 $-2×$ 保护层

1. 外墙转角两个方向均布置受力钢筋，不设置分布钢筋；
2. 内墙基础底板受力钢筋伸入外墙基础底板的范围是外墙基础底板宽度的 1/4。

当基础宽度 $\geq$ 2500mm 时，如图 1-6 所示。

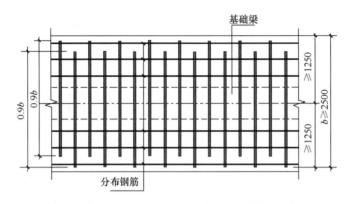

图 1-6　条形基础底板配筋长度减短 10% 构造示意图

底板 b 不缩减钢筋的下料长度 = 底板边长 $-2×$ 保护层（底板交接区的受力钢筋和无交接底板时端部第一根钢筋不应减短）

底板 b 缩减钢筋的下料长度 = 底板边长 $×0.9$

分布筋：条形基础在两个方向相交时，两向受力钢筋交接处的网状部位，分布钢筋与同向受力钢筋的搭接长度为 150mm（注意基础保护层的厚度）。

底板钢筋的排布范围 = 底板边长 $b-2\max(75, S/2)$

根数 = 底板钢筋的排布范围 / 间距 +1

二、基础钢筋翻样

（一）独立基础钢筋翻样

以基础平面布置图（结施 -2），C 轴 /③轴和 D 轴 /①轴为例，计算 DJp01 和 DJp02 的钢筋翻样配筋单。独立基础保护层为 50mm，钢筋定尺长度为 9000mm。

1. C 轴 /③轴 DJp01 的独立基础钢筋下料长度计算

受力钢筋计算步骤：

x 向底板钢筋的下料长度 = 底板边长 $-2×$ 保护层 $=2500-50×2=2400$（mm），因为基础底板的 x 和 y 方向的尺寸都大于等于 2500mm，所以除了基础边缘的钢筋按照 2400mm 之外，内部钢筋长度可以按照基础边长的 0.9 倍交错排布。

每个方向钢筋根数 = [底板边长 $-2\min(75, S/2)$] / 钢筋间距 +1= [$2500-2\min(75, 150/2)$] /150+1=16.67（根），取整为 17 根，其中两边 2 根钢筋长度按照 2400mm，中间 15 根钢筋长度 $=0.9×$ 底板边长（不需要扣除保护层）$=0.9×2500=2250$（mm）。

2. D 轴 /①轴 DJp02 的独立基础钢筋下料长度计算

受力钢筋计算步骤：

x 向底板钢筋的下料长度 = 底板边长 $-2 \times$ 保护层 $=2000-50 \times 2=1900$（mm）

每个方向钢筋根数 = ［底板边长 $-2\min$（75，$S/2$）］/ 钢筋间距 +1= ［2000$-2\min$（75，150/2）］/150+1=13.33（根），取整为 14 根。

3. 独立基础钢筋翻样明细表，如表 1-1 所示。

独立基础钢筋翻样明细表　　　　　　　　表 1-1

项目名称：综合办公楼　　　　　　　　　　　　　　　　　　构件：基础 独立基础

构件名称	规格	钢筋简图	下料（mm）	根数	重量（kg）	备注
DJp01	⌀14	2250	2250	15	40.84	x 向，@150
	⌀14	2400	2400	2	5.81	x 向两边
	⌀14	2250	2250	15	40.84	y 向，@150
	⌀14	2400	2400	2	5.81	y 向两边
DJp02	⌀12	1900	1900	14	23.62	x 向，@150
	⌀12	1900	1900	14	23.62	y 向，@150

（二）条形基础钢筋翻样

以基础平面布置图（结施 -2），A 轴～B 轴 /③轴和 C 轴～D 轴 /④轴为例，计算 TJ-1 的钢筋翻样配筋单。条形基础保护层为 50mm，钢筋定尺长度为 9000mm。

1. A 轴～B 轴 /③轴 TJ-1 的条形基础钢筋下料长度计算

（1）受力钢筋计算步骤：

底板 b 不缩减钢筋的下料长度 = 底板边长 $-2 \times$ 保护层 $=600-2 \times 50=500$（mm）

底板钢筋的排布范围 =（6000$-$1355+300）$-2 \times 75=4795$（mm）

根数 =4795/200+1=24.98（根），取整为 25 根。

（2）分布钢筋计算步骤：

分布钢筋的下料长度 =6000$-$1355$-$300+2$\times$50+2$\times$150=4745（mm）

根数 =4（根）（由图纸直接得出）

分布钢筋实际间距 =（600$-$150）/（4$-$1）=150（mm）

2. C 轴～D 轴 /④轴 TJ-1 的条形基础钢筋下料长度计算

（1）受力钢筋计算步骤：

底板 b 不缩减钢筋的下料长度 = 底板边长 $-2 \times$ 保护层 $=600-2 \times 50=500$（mm）

底板钢筋的排布范围 =6000$-$300$\times$2+600/4$\times$2=5700（mm）

根数 =5700/200+1=29.5（根），取整为 30 根。

（2）分布钢筋计算步骤：

分布钢筋的下料长度 =6000$-$300$\times$2+2$\times$50+2$\times$150=5800（mm）

根数 =4 根（由图纸直接得出）

分布钢筋实际间距 =（600$-$150）/（4$-$1）=150（mm）

3. 条形基础钢筋翻样明细表，如表 1-2 所示。

条形基础钢筋翻样明细表　　　　　　　　　　　　表 1-2

项目名称：综合办公楼　　　　　　　　　　　　　　　　　　　　　构件：基础 条形基础

构件名称	规格	钢筋简图	下料（mm）	根数	重量（kg）	备注
TJ-1	⌀10	500	500	25	7.71	@200
	⌀8	4750	4750	4	7.5	@150
TJ-1	⌀10	500	500	30	9.26	@200
	⌀8	5800	5800	4	9.16	@150

第二节　柱构件

一、柱构造

在工程实际中，钢筋供货定尺与实际结构往往有不太适应的情况，在不能争取完全适应层高定尺钢筋的情况下，应充分考虑原材的利用率。注意当采用电渣压力焊时，需要考虑电渣压力焊的热熔损耗所减少的纵筋长度。因为柱钢筋直径比较大，实际施工时往往都会采用机械连接，所以结合案例，按照机械连接接头进行讲解。

上部结构嵌固部位的注写：框架柱嵌固部位在基础顶面时，无须注明；框架柱嵌固部位不在基础顶面时，在层高表嵌固部位标高下使用双细线注明，并在层高表下注明上部结构嵌固部位标高；框架柱嵌固部位不在地下室顶板，但仍需考虑地下室顶板对上部结构实际存在嵌固作用时，可在层高表地下室顶板标高下使用双虚线注明，此时首层柱端箍筋加密区长度范围及纵向钢筋（也称"纵筋"）连接位置均按嵌固部位要求设置。

柱纵向钢筋连接接头的位置应错开，同一连接区段内的受拉钢筋接头不宜超过全截面钢筋总面积的 50%。钢筋机械连接的连接区段长度为 $35d$，d 为连接钢筋的较小直径；钢筋焊接连接的连接区段长度为 $35d$ 且不小于 500mm，d 为连接钢筋的较小直径。机械连接之所以未考虑 500mm 的界限，是因为框架柱纵向受力钢筋一般比较大，当直径大于 16mm（$500 \div 35 \approx 14.28$）时，都可以满足大于 500mm 的要求。柱纵筋的机械连接最普遍的是直螺纹套筒连接，柱纵筋的焊接连接最普遍的是电渣压力焊连接，不同直径钢筋焊接时，直接差不得超过 7mm；不同直径钢筋连接时，接头面积百分率按较小直径计算。同一构件纵向受力钢筋直径不同，连接区段长度按较大直径计算，如图 1-7 所示。

柱的纵向钢筋宜对称布置，应满足浇筑孔的最小要求。截面尺寸大于 400mm 的柱，纵向钢筋的间距不宜大于 200mm，钢筋净距大于或等于 50mm，如图 1-8 所示。

（一）在基础中构造

柱纵筋在基础内锚固要求：当基础高度满足直锚要求时，柱纵向钢筋伸入基础内的锚固长度应不小于 l_{aE}，钢筋下端宜伸至基础底部钢筋网片上 90° 弯折，弯折后水平投影长度为 $6d$（d 为纵向钢筋直径）且不小于 150mm，此弯钩为构造要求，可起到"坐"在钢筋网

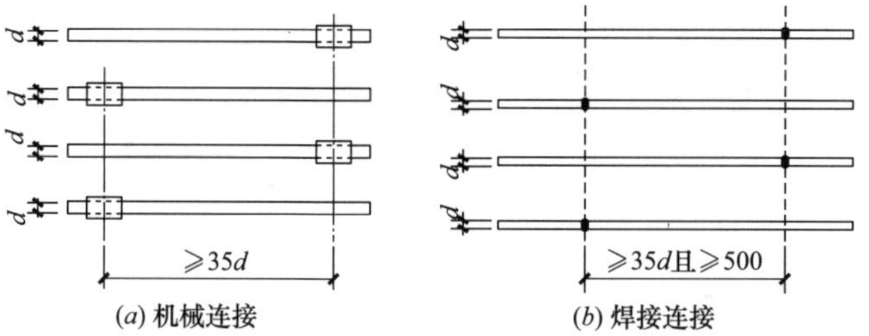

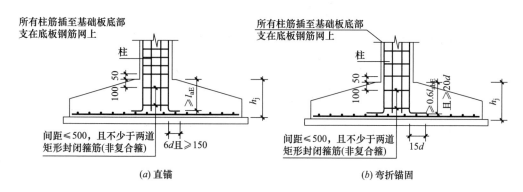

图 1-7 同一连接区段 50% 连接接头示意图

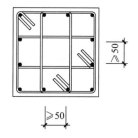

图 1-8 柱纵向钢筋间距示意图

片上的作用;当基础高度不能满足直锚要求时,柱纵筋伸入基础内直段投影长度应满足不小于 $0.6l_{abE}$ 且不小于 $20d$ 的要求,且伸至基础底部钢筋网片上 90° 水平弯折,弯折后水平投影长度为 $15d$(d 为纵向钢筋直径),此弯钩为受力要求,如图 1-9 所示。

图 1-9 柱纵筋在基础中构造示意图

1. 在基础中插筋的长度(按嵌固部位不在基础顶面时讲解,实际遇到嵌固部位在基础顶面时,只需连接区改为 $H_n/3$),如图 1-9 所示。

(1)当基础高度满足直锚(如图 1-9 所示)

基础短向插筋长度 =max(6d,150)+ 基础高度 − 保护层厚度 − 底部钢筋网片的钢筋直径 +max($H_n/6$,h_c,500)

基础长向插筋长度 =max(6d,150)+ 基础高度 − 保护层厚度 − 底部钢筋网片的钢筋直径 +max($H_n/6$,h_c,500)+max(35d,500)

(2)当基础高度不满足直锚(如图 1-9 所示)

基础短向插筋长度 =15d+ 基础高度 − 保护层厚度 − 底部钢筋网片的钢筋直径 +max($H_n/6$,h_c,500)

基础长向插筋长度 =15d+ 基础高度 − 保护层厚度 − 底部钢筋网片的钢筋直径 +max($H_n/6$,h_c,500)+max(35d,500)

2. 基础内箍筋根数计算,间距 ≤ 500mm,且不少于两道矩形封闭箍筋(非复合箍),如图 1-9 所示。

基础中箍筋根数 =max[(基础高度 −100− 保护层 − 底部钢筋网片的钢筋直径)/500+1,2]

(二)在首层中构造

柱纵筋连接区设置在框架柱中部,主要是为了受力合理,其次是施工比较方便。框架结构受力时为剪切型变形,框架柱弯矩分布规律,系柱上端和柱下端弯矩最大且反号,弯矩的反弯点在柱中部弯矩最小,因此,连接区在柱中部具有较高的安全度储备。框架柱柱端应设置箍筋加密区,嵌固部位处柱根部1/3柱净高的范围内是箍筋加密区,高度大于其他层[1/6柱净高、柱长边尺寸(圆柱直径)、500mm三者大值],是增强柱嵌固端抗剪能力和提高框架柱延性的构造措施。震害表明,底层柱根部剪切破坏是造成建筑物倒塌的原因之一,因此要加强这个部位的构造措施,如图1-10所示。

柱净高范围最下一组箍筋距底部梁顶50mm,最上一组箍筋距顶部梁底50mm。节点区最下、最上一组箍筋距节点区梁底、梁顶不大于50mm;当顶层柱顶与梁顶标高相同时,节点区最上一组箍筋距梁顶不大于150mm,如图1-11所示。

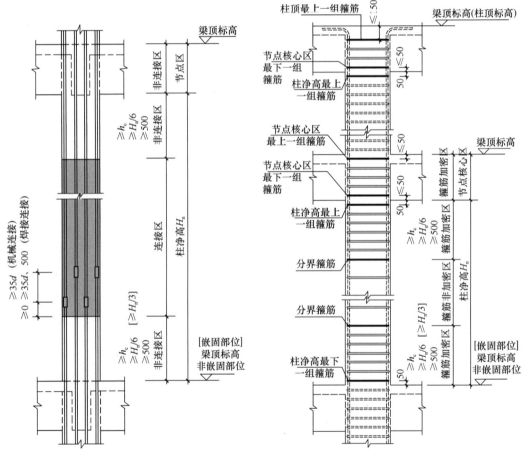

图1-10 框架柱纵筋连接示意图　　图1-11 框架柱箍筋排布示意图

柱首层纵筋长度 = 首层层高 − 非连接区 $H_n/3$ + max($H_n/6$, h_c, 500)[当焊接连接时,应考虑纵筋的烧熔量损耗]

上部加密区箍筋根数 = [max($H_n/6$, 500, h_c) + 节点区梁高 − 50] / 加密区间距 + 1

下部加密区箍筋根数 = ($H_n/3$ − 50) / 加密区间距 + 1

非加密区箍筋根数 = {层高 − [50 + (上部加密区箍筋根数 − 1) × 加密区间距] + [50 +

（下部加密区箍筋根数 −1）× 加密区间距]}/ 非加密区间距 −1

箍筋数量 = 上部加密区箍筋根数 + 非加密区箍筋根数 + 下部加密区箍筋根数

（三）在中间层中构造

1. 框架柱根据承载力计算要求而配置纵向受力钢筋，上下层柱计算出的纵向钢筋面积不同时：能够贯通的钢筋尽量贯通；钢筋面积相差不大的情况，可通过改变部分纵筋直径的方式解决，或不影响已有纵筋排布位置时增加少量钢筋。因搭接情况采用不多，本书按机械连接接头或焊接连接接头讲解。

当上层柱比下层柱的纵向钢筋根数多，但上下层柱钢筋直径相同时，上层柱多出的纵向钢筋截断后应锚固在下层柱内，从框架梁顶算起的长度不应小于 $1.2l_{aE}$，如图 1-12 所示。

柱短插筋 = max（$H_n/6$, 500, h_c）+ $1.2l_{aE}$

柱长插筋 = max（$H_n/6$, 500, h_c）+ $1.2l_{aE}$ + max（$35d$, 500）

当下层柱比上层柱的纵向钢筋根数多，但上下层柱钢筋直径相同时，下层柱多出的钢筋截断点后应锚固在上层的柱内，从框架梁底算起的长度不应小于 $1.2l_{aE}$，如图 1-13 所示。

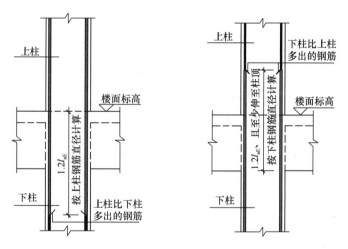

图 1-12 上柱纵筋比下柱多示意图　　图 1-13 上柱纵筋比下柱少示意图

当上层柱与下层柱钢筋根数相同但部分钢筋直径不同时，上柱较大直径钢筋可在下层柱内采用机械连接或搭接连接。若采用搭接连接，应在箍筋加密区以外进行连接，且接头面积百分率均不宜大于 50%，如图 1-14 所示。

当下层柱与上层柱纵向钢筋根数相同，但下层柱钢筋直径大于上层柱时，可在上层柱采用机械连接或搭接连接。若采用搭接连接，应在箍筋加密区以外进行连接，且接头面积百分率均不宜大于 50%，如图 1-15 所示。

2. Δ 值是指上层框架柱的宽度与本层框架柱的宽度同一侧的差值，包括保护层厚度。

当 $\Delta/h_b \leq 1/6$ 时，柱纵向钢筋应微弯贯通，梁高范围内梁底开始弯折，上部需要从梁顶下 50mm 开始弯折，柱纵向钢筋微弯贯通，如图 1-16 所示。

当 $\Delta/h_b > 1/6$ 时，柱纵向钢筋在同方向上下层不能连通，应在本层断开弯折（当在室内侧时，包括 Δ 在内弯折长度为 $12d$；当在室外侧时，为了增大对柱纵筋的约束，柱纵筋外侧需要弯折 Δ − 保护层厚度 + l_{aE}），上柱向下需要锚固 $1.2l_{aE}$，如图 1-16 所示。

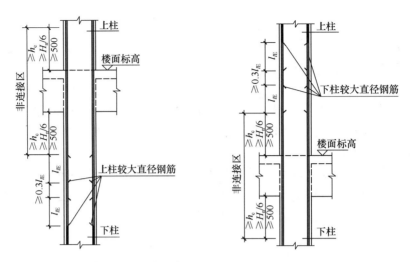

图 1-14 上柱纵筋直径比下柱大示意图　　图 1-15 上柱纵筋直径比下柱小示意图

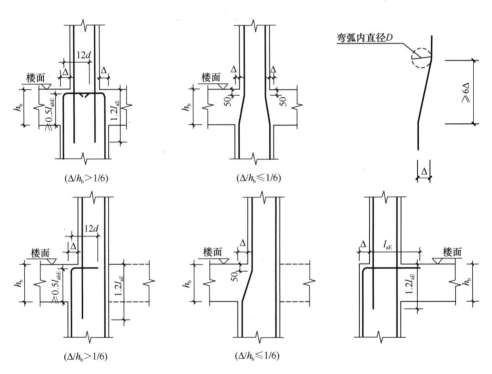

图 1-16 柱变截面位置纵向钢筋示意图

柱中间层纵筋长度 = 中间层层高 − 当前层非连接区 max（$H_n/6$, h_c, 500）+（当前层+1）层非连接区 max（$H_n/6$, h_c, 500）[当考虑焊接连接时，应考虑纵筋的烧熔量损耗]

3. 中间层箍筋数量（计算值取整），如图 1-11 所示。

上部加密区箍筋根数 = [max（$H_n/6$, 500, h_c）+ 节点区梁高 −50] / 加密区间距 +1

下部加密区箍筋根数 = [max（$H_n/6$, 500, h_c）−50] / 加密区间距 +1

非加密区箍筋根数 = {层高 − [50+（上部加密区箍筋根数 −1）× 加密区间距] + [50+（下部加密区箍筋根数 −1）× 加密区间距]} / 非加密区间距 −1

箍筋数量＝上部加密区箍筋根数＋非加密区箍筋根数＋下部加密区箍筋根数

（四）在顶层中构造

顶层框架柱分为中柱、边柱和角柱三种情况。

框架梁、柱在顶层端节点（边节点和角节点）处钢筋有三种构造做法：一是搭接接头沿顶层端节点外侧及梁端顶部布置；二是沿节点柱顶外侧直线布置；三是顶层端节点柱外侧纵向钢筋可弯入梁内做梁上部纵向钢筋。

1. 顶层中柱钢筋构造，当顶层框架梁的底标高不相同时，柱纵向钢筋的锚固长度起算点从梁截面高度小的梁底算起；沿某一方向，与柱相连的梁为竖向加腋梁，此时柱纵向钢筋的锚固起算点从与柱交界面处竖向加腋梁的腋底算起，如图1-17所示。

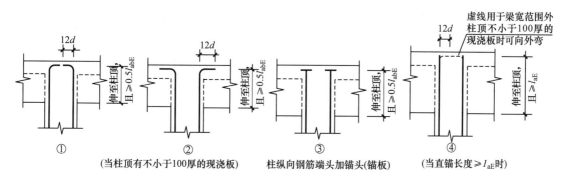

图1-17　框架柱中柱柱顶纵向钢筋构造示意图

（1）当截面尺寸满足直锚长度，梁宽范围外按照不满足锚固长度计算

顶层中柱短筋长度＝顶层层高－保护层厚度－max（$H_n/6$，500，h_c）

顶层中柱长筋长度＝顶层层高－保护层厚度－max（$H_n/6$，500，h_c）－max（$35d$，500）

（2）当截面尺寸不满足直锚长度

顶层中柱短筋长度＝顶层层高－保护层厚度＋$12d$－max（$H_n/6$，500，h_c）

顶层中柱长筋长度＝顶层层高－保护层厚度＋$12d$－max（$H_n/6$，500，h_c）－max（$35d$，500）

2. 顶层边角柱钢筋构造

在承受以静力荷载为主的框架中，顶层端节点的梁、柱端均主要承受负弯矩作用，相当于90°折梁。节点外侧钢筋不是锚固受力，而属于搭接传力问题，故不允许将柱纵筋伸至柱顶，而将梁上部钢筋锚入节点的做法。

搭接接头设在节点外侧和梁顶顶面的90°弯折搭接（柱锚梁）和搭接接头设在柱顶部外侧的直线搭接（梁锚柱）这两种方法：第一种做法（柱锚梁）适用于梁上部钢筋和柱外侧钢筋数量不致过多的民用建筑框架。其优点是梁上部钢筋不伸入柱内，有利于梁底标高处设置柱内混凝土施工缝。但当梁上部和柱外侧钢筋数量过多时，采用第一种做法将造成节点顶部钢筋的拥挤，不利于自上而下浇筑混凝土。此时，宜改为第二种方法（梁锚柱），如图1-18所示。

采用柱锚梁时（需要与梁部分结合起来）：

1）节点外侧和梁端顶面90°弯折搭接，梁宽范围内框架柱边柱和角柱柱顶纵向钢筋伸入梁内的柱外侧纵筋不宜少于柱外侧全部纵筋面积的65%，如图1-18所示。

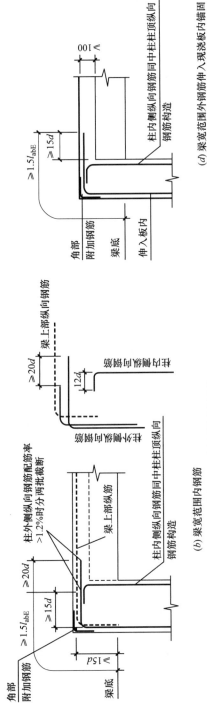

图 1-18 柱外侧纵向钢筋和梁上部纵向钢筋在节点外侧弯折搭接构造示意图

柱外侧纵向钢筋配筋率＝全部柱外侧纵向钢筋的面积／柱截面面积

2）当柱外侧纵向钢筋直径不小于梁上部钢筋时，梁宽范围内柱外侧纵向钢筋可弯入梁内做梁上部纵向钢筋，与柱外侧纵向钢筋和梁上部纵向钢筋在节点外侧弯折搭接构造（梁宽范围内钢筋）组合使用，如图1-19所示。

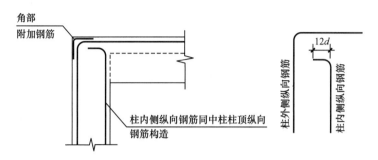

图1-19 梁宽范围内柱外侧纵向钢筋弯入梁内做梁筋构造示意图

3. 柱顶角部附加钢筋构造（如图1-20所示）

框架柱顶层端节点处，柱外侧纵向受力钢筋弯弧内半径比其他部位要大，是为了防止节点内弯折钢筋的弯弧下混凝土局部被压碎；框架梁上部纵向钢筋及柱外侧纵向钢筋在顶层端节点处的弯弧内半径，根据钢筋直径的不同而规定不同弯弧内半径，在施工中这种不同经常被忽略，特别是框架梁的上部纵向受力钢筋。梁上部纵向受力钢筋与柱外侧纵向钢筋在节点角部的弯弧内半径，当钢筋的直径不大于25mm时，取不小于$6d$；当钢筋的直径大于25mm时，取不小于$8d$（d为钢筋的直径）。

由于顶层梁上部钢筋和柱外侧纵向钢筋的弯弧内半径加大，框架角节点钢筋外弧以外可能形成保护层很厚的素混凝土区，因此要设置附加构造钢筋加以约束，防止混凝土裂缝、坠落。构造要求是保证结构安全的一种措施，不可以随意取消。框架柱在顶层端节点外侧上角处，至少设置3根$\phi10$的钢筋，间距不大于150mm并与主筋扎牢。在角部设置1根$\phi10$的附加钢筋，当有框架边梁通过时，此钢筋可以取消，如图1-21所示。

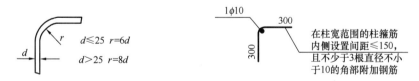

图1-20 顶层节点角部纵筋钢筋弯折要求示意图　　图1-21 角部附加钢筋示意图

4. 其他构造

（1）刚性地面钢筋构造

刚性地面平面内的刚度比较大，在水平力作用下，平面内变形很小，对柱根有较大的侧向约束作用。通常现浇混凝土地面会对混凝土柱产生约束，其他硬质地面达到一定厚度也属于刚性地面。如石材地面、沥青混凝土地面及有一定基层厚度的地砖地面等。

在刚性地面上下各500mm范围内设置箍筋加密，其箍筋直径和间距按柱端箍筋加密区的要求。当柱两侧均为刚性地面时，加密范围取各自上下的500mm；当柱仅一侧有刚性地面时，也应按要求设置加密区，如图 1-22 所示。

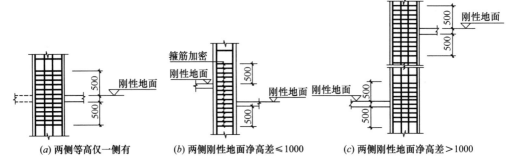

图 1-22 刚性地面柱箍筋加密区范围示意图

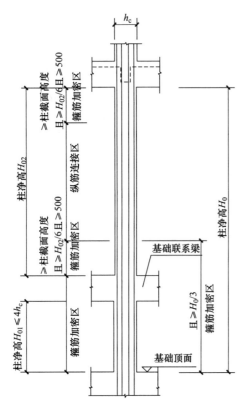

图 1-23 柱框架柱箍筋加密范围示意图

当与柱端箍筋加密区范围重叠时，重叠区域的箍筋可按柱端部加密箍筋要求设置，加密区范围同时满足柱端加密区高度及刚性地面上下各 500mm 的要求。

（2）柱箍筋加密区构造

当出现无地下室、地面以下设置基础连系梁的框架柱在地面以下部分的箍筋加密区的情况时，基础嵌固部位应在基础顶面考虑，如图 1-23 所示。

（五）矩形箍筋构造

矩形复合箍筋的基本复合方式为：柱复合箍筋应采用截面周边外封闭大箍加内封闭小箍的组合方式（大箍套小箍），内部复合箍筋的相邻两肢形成一个内封闭小箍，当复合箍筋的肢数为单数时，设一个单肢箍，沿外封闭箍筋周边箍筋局部重叠不宜多于两层；若在同一组内复合箍筋各肢位置不能满足对称性要求，钢筋绑扎时，沿柱竖向相邻两组箍筋应交错放置，如图 1-24 所示。

单肢箍为紧靠箍筋并勾住纵筋，也可以同时勾住纵筋和箍筋，如图 1-25 所示。

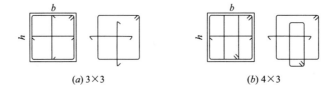

图 1-24 柱矩形箍筋复合方式示意图（一）

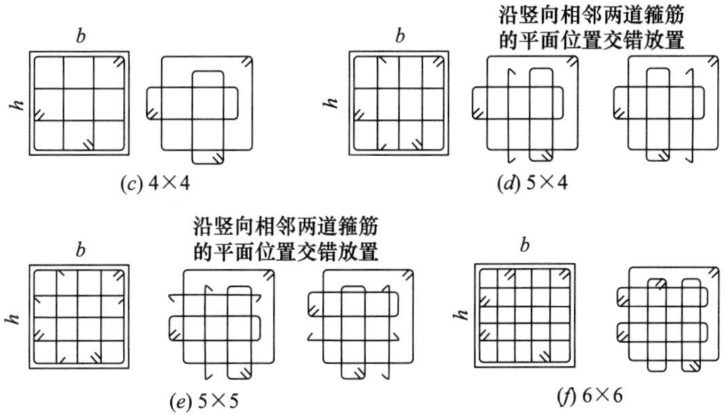

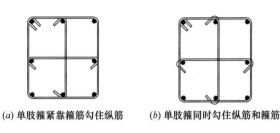

图 1-24 柱矩形箍筋复合方式示意图（二）

(a) 单肢箍紧靠箍筋勾住纵筋　　(b) 单肢箍同时勾住纵筋和箍筋

图 1-25 柱单肢箍方式示意图

二、柱钢筋翻样

以基础平面布置图（结施 -2）和柱平面布置图（结施 -3，结施 -4），C 轴 /③轴为例，计算 KZ1 的钢筋翻样配筋单。框架结构抗震等级为三级，柱保护层为 20mm，钢筋定尺长度为 9000mm，柱纵筋采用机械连接，根据抗震等级（三级）、混凝土强度等级（C30）以及钢筋种类（HRB400），得出受拉钢筋抗震锚固长度 $l_{aE}=37d$，即Φ20 钢筋的 $l_{aE}=37×20=740$（mm）。基础高度为 600mm，弯钩采用 $15d$，即 $15d=15×20=300$（mm）。

1. 基础层柱钢筋下料理论计算

基础短向插筋长度 =$15d$+ 基础高度 - 保护层厚度 - 底部钢筋网片的钢筋直径 +$H_n/3$-弯曲调整值 =15×20+600-50-14×2+（4370+1900-770）/3-20×2=2615（mm）

基础长向插筋长度 =$15d$+ 基础高度 - 保护层厚度 - 底部钢筋网片的钢筋直径 +$H_n/3$+$35d$- 弯曲调整值 =15×20+600-50-14×2+（4370+1900-770）/3+35×20-20×2=3315（mm）

2. 首层柱钢筋下料理论计算

柱首层纵筋长度 = 首层层高 - 非连接区 $H_n/3$+max（$H_n/6$，h_c，500）=4370+1900-（4370+1900-770）/3+max[（7800-4370-770）/6，450，500]=4937（mm）

3. 顶层柱钢筋下料理论计算

梁宽范围外（四个角筋）与梁宽范围内（除四个角筋外），如图 1-26 所示。

（1）用于梁宽范围外

顶层中柱长筋长度 = 顶层层高 - 保护层厚度 +$12d$-max（$H_n/6$，500，h_c）- 弯曲调

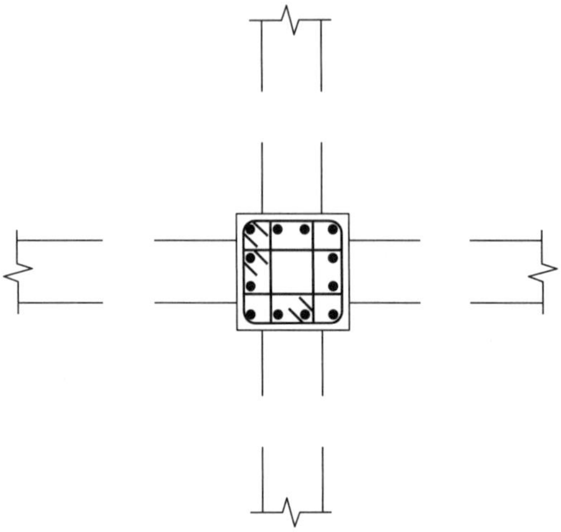

整值 =3430−20（梁保护层）−8（梁箍筋直径）−20（梁纵向钢筋直径）−25（钢筋净距）+12×20−500−20×2=3057（mm）

顶层中柱短筋长度 = 顶层层高 − 保护层厚度 +12d−max（H_n/6，500，h_c）−35d− 弯曲调整值 =3430−73+12×20−500−35×20−20×2=2357（mm）

（2）用于梁宽范围内

顶层中柱长筋长度 = 顶层层高 − 框架梁高 +l_{aE}−max（H_n/6，500，h_c）=3430−770+37×20−500=2900（mm）

图 1-26 梁宽范围外与梁宽范围内示意图

顶层中柱短筋长度 = 顶层层高 − 框架梁高 +l_{aE}−max（H_n/6，500，h_c）−35d=3430−770+37×20−500−700=2200（mm）

4. 箍筋根数

（1）基础中箍筋根数 =max［（基础高度 −100− 保护层 − 底部钢筋网片的钢筋直径）/500+1，2］=max［（600−100−50−14×2）/500+1，2］=2（根）

（2）首层箍筋根数

上部加密区箍筋根数 =［max（H_n/6，500，h_c）+ 节点区梁高 −50］/ 加密区间距 +1=［max（4370+1900−770）/6，450，500）+770−50］/100+1=18（根）

下部加密区箍筋根数 =（H_n/3−50）/ 加密区间距 +1=［（4370+1900−770）/3−50］/100+1=19（根）

非加密区箍筋根数 ={层高 −［50+（上部加密区箍筋根数 −1）× 加密区间距］+［50+（下部加密区箍筋根数 −1）× 加密区间距］}/ 非加密区间距 −1={6270−［50+（18−1）×100］+［50+（19−1）×100］}/200−1=13（根）

箍筋数量 = 上部加密区箍筋根数 + 非加密区箍筋根数 + 下部加密区箍筋根数 =18+13+19=50（根）

（3）顶层箍筋根数

上部加密区箍筋根数 =［max（H_n/6，500，h_c）+ 节点区梁高 −50］/ 加密区间距 +1=［max（7800−4370−770）/6，450，500）+770−50］/100+1=14（根）

下部加密区箍筋根数 =［max（H_n/6，500，h_c）］/ 加密区间距 +1=［max（7800−4370−770）/6，450，500）］/100+1=6（根）

非加密区箍筋根数 ={层高 −［50+（上部加密区箍筋根数 −1）× 加密区间距］+［50+（下部加密区箍筋根数 −1）× 加密区间距］}/ 非加密区间距 −1={3430−［50+（14−1）×100］+［50+（6−1）×100］}/200−1=7（根）

箍筋数量 = 上部加密区箍筋根数 + 非加密区箍筋根数 + 下部加密区箍筋根数 =14+7+6=27（根）

5. 箍筋长度

柱外箍筋长度 =[（b− 保护层厚度 ×2）+（h− 保护层厚度 ×2）]×2+20d=[（450−20×2）+（450−20×2）]×2+20×8=1800（mm）

柱箍筋采用大箍套小箍的形式，内箍水平长度计算公式如下：

（柱宽度 − 保护层 ×2− 箍筋直径 ×2− 主筋直径）/3+ 主筋直径 + 箍筋直径 ×2=（450−20×2−8×2−20）/3+20+8×2=160（mm）

柱外箍筋长度 =[内箍水平长度 ×2+（h− 保护层厚度 ×2）]×2+20d=［160+（450−20×2）］×2+20×8=1300（mm）

6. 优化下料分析

在进行钢筋翻样时，不必拘泥于图集和规范中纵筋的露出长度，因图集和规范给出的是最小值，可以大于它，框架柱除了上下非连接区以外都是可以进行连接的。钢筋翻样策划要多动脑筋才能避免钢筋的浪费，如图 1-27 所示。

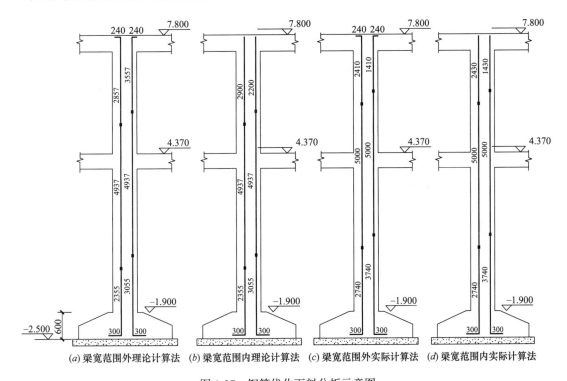

(a) 梁宽范围外理论计算法 (b) 梁宽范围内理论计算法 (c) 梁宽范围外实际计算法 (d) 梁宽范围内实际计算法

图 1-27 钢筋优化下料分析示意图

基础层柱钢筋长度采用 3000mm 和 4000mm 进行下料，优化下料为 3000×3=9000（mm）。采用 2 根 9000mm，9000−4000=5000（mm），采用 6 根 9000mm，剩余 6 根 5000mm。

首层柱钢筋长度采用 5000mm 进行下料，9000−5000=4000（mm），采用 6 根 9000mm，剩余 6 根 4000mm。

顶层柱钢筋长度采用 2430+1430=3860（mm），剩余 140mm 废料，采用 4 根首层柱，余料 4 根 4000mm；柱钢筋长度采用 9000−2610×2−1610×2=560（mm），采用 1 根 9000mm 原材，剩余 1 根 560mm。

通过上述分析,最终使用方案为:采用 15 根 9000mm 原材,剩 2 根 4000mm 和 1 根 560mm 余料,产生 4 根 140mm 废料,如表 1-3 所示。

KZ1 优化下料数据分析表　　　　　　　　　　表 1-3

规格	原材（mm）	根数	下料尺寸（mm）	余料（mm）	废料（mm）
⌀20	9000	2	3000×3		
⌀20	9000	6	4000		
⌀20	9000	2	5000	4000	
⌀20	9000	4	5000+2430+1430		140
⌀20	9000	1	2610×2+1610×2	560	
合计	9000	15		8560	560

7. KZ1 钢筋翻样明细表,如表 1-4 所示。

钢筋翻样明细表　　　　　　　　　　表 1-4

项目名称:综合办公楼　　　　　　　　　构件:柱 KZ1

构件名称	直径规格	钢筋简图	下料（mm）	根数	重量（kg）	备注
基础层	⌀20	300 ⌐ 2740 丝	3000	6	44.46	短筋
基础层	⌀20	300 ⌐ 3740 丝	4000	6	59.28	长筋
基础层	⌀8	□ 410×410	1800	2	1.42	基础内
首层	⌀20	套 5000 丝	5000	12	148.2	纵筋
首层	⌀8	□ 410×410	1800	50	35.55	大箍筋
首层	⌀8	□ 160×410	1300	50	25.68	小箍筋
顶层	⌀20	套 2410 ⌐ 240	2610	2	12.89	梁宽范围外,长筋
顶层	⌀20	套 1410 ⌐ 240	1610	2	7.95	梁宽范围外,短筋
顶层	⌀20	套 2430	2430	4	24.01	梁宽范围内,长筋
顶层	⌀20	套 1430	1430	4	14.13	梁宽范围内,短筋
顶层	⌀8	□ 410×410	1800	27	19.2	大箍筋
顶层	⌀8	□ 160×410	1300	27	13.86	小箍筋

第三节 梁构件

一、梁构造

梁构件有楼层框架梁（KL）、屋面框架梁（WKL）、非框架梁（L）、框架扁梁（KBH）、井字梁（JZL）、框支梁（KZL）、悬挑梁（XL）等。

梁钢筋计算的项目有上部通长筋、支座负筋（上一排、二排、三排）、架立筋、下部通长筋、下部非通长筋、下部不伸入支座钢筋、梁侧面钢筋（构造钢筋、抗扭钢筋）、梁箍筋、梁拉筋、集中力作用附加箍筋、集中力作用附加吊筋、纵向钢筋绑扎连接区的附加箍筋、梁加腋（梁竖向加腋的构造钢筋和构造箍筋、梁柱截面偏心过大时，梁水平加腋）。

梁支座两侧梁高不平（梁顶有高差、梁底有高差、梁顶和梁底均有高差），梁支座两侧梁宽不同（左宽右窄一面平、左窄右宽一面平、左右宽窄两面均不平），钢筋根数不同，钢筋直径不同。

框架梁纵向钢筋在中间层端节点采用 90°弯折锚固方式时，如果平直段长度不满足大于或等于 $0.4l_{abE}$ 的要求，不得采用加长弯折段长度使总长度满足最小锚固长度的做法。

试验研究表明，当柱截面高度不足以满足直线锚固段时，可采用带 90°弯折段的锚固方式。这种锚固端的锚固力由平直段的粘结锚固和弯折段的挤压锚固作用组成。框架梁上下纵向受力钢筋在端支座必须保证平直段长度不小于 $0.4l_{abE}$，90°弯折长度为 $15d$ 时，能保证梁筋的锚固强度和抗滑移刚度。弯折段长度超过 $15d$ 之后，再增加弯折段长度对受力钢筋的锚固基本没有作用。因此，平直段不能满足要求时，不应采取加大弯折段长度、使总长度不小于 l_{aE} 的做法。水平段长度不满足要求时，应由设计方解决，施工方不可自行处理。

（一）楼层抗震框架梁

1. 梁纵筋

（1）框架梁通长筋

用于 1 跨时：上部/下部通长筋长度 = 净跨长 + 左支座锚固长度 + 右支座锚固长度

左右支座锚固长度的取值判断条件：

采用直线锚固（如图 1-28 所示）：当 h_c（柱宽）– 保护层厚度 ≥ l_{aE} 时，锚固长度 =max$\{l_{aE}, (0.5h_c+5d)\}$

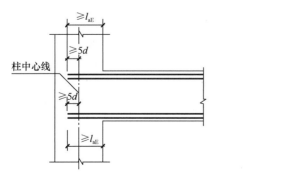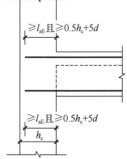

图 1-28 端支座直锚示意图

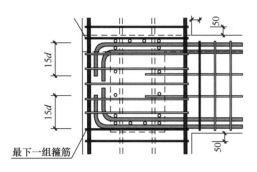

图 1-29 端支座弯锚示意图

采用弯锚(如图 1-29 所示):当 h_c(柱宽)- 保护层厚度 $< l_{aE}$ 时,锚固长度 $= h_c -$ 保护层 $+15d$

注意:当上柱截面尺寸小于下柱截面尺寸时,梁上部钢筋的锚固长度起算位置应为上柱内边缘,梁下部钢筋的锚固长度起算位置为下柱内边缘,注意箭头处的位置,如图 1-30 所示。

伸至柱外侧纵筋内侧的长度 = 柱保护层 + 柱箍筋直径 + 柱纵筋直径 +25+25(垂直方向另一侧钢筋通过尺寸),如图 1-31 所示。

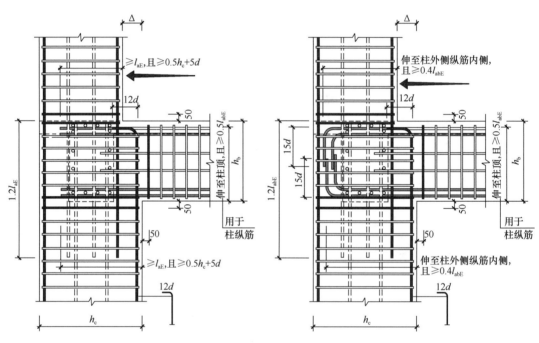

图 1-30 框架柱变截面处节点构造示意图

25 为纵筋最外排竖向弯折段与柱外侧纵向钢筋净距不宜小于 25mm,目的是保证混凝土骨料通过钢筋空挡进入到构件内部,如图 1-32 所示。

即伸至柱外侧纵筋内侧场的长度 ≈ 20+10+20+25+25=100(mm)(满足 $\geq 0.4 l_{abE}$ 的前提下),如图 1-33 所示。

用于多跨时:上部/下部通长筋长度 = 梁总长度 - 保护层 $\times 2+15d \times 2$

梁下部纵向钢筋可在中间节点处锚固,也可贯穿中间支座。框架梁下部纵向钢筋尽量避

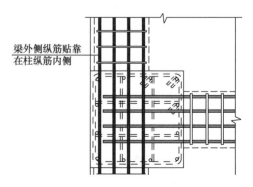

图 1-31 垂直方向另一侧钢筋通过尺寸示意图

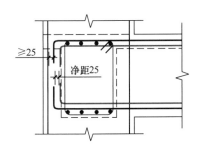
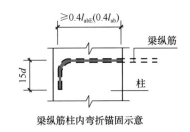

图 1-32 钢筋躲让构造示意图　　图 1-33 满足 $\geqslant 0.4l_{abE}$ 的前提下示意图

免在中柱内直线锚固或 90°弯折锚固，宜本着"能通则通"的原则来保证节点区混凝土的浇筑质量。

中间层中间支座两侧框架梁的宽度不同或梁中心线不在同一直线时，可将支座两端在同一位置或位置接近的纵筋，选用强度和直径较大者直通或弯折斜度小于 1/6 的方式贯通布置；当弯折斜度大于 1/6 时，宜各自锚固在支座内。

在计算钢筋接头位置时，若梁上部通长筋与非贯通钢筋直径相同，连接位置在跨中 1/3 范围内；梁下部钢筋连接接头位置宜位于支座 1/3 范围内。当无法避开时，应采用 Ⅱ 级接头或 Ⅰ 级接头，且接头面积百分率不应大于 50%。在 G901-1 中增加了 1.5 倍的梁高，因考虑此部位为箍筋加密区，故应避开，如图 1-34 所示。

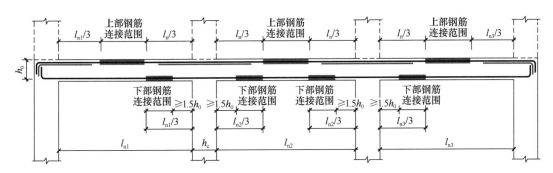

图 1-34 框架梁纵向钢筋连接示意图

（2）支座负筋

《混凝土结构设计规范》GB 50010—2010 中对非通长筋的截断点位置有两方面要求：一是从不需要该钢筋的截面伸出的长度，二是从该钢筋强度充分利用截面向前伸出的长度。

G101 图集规定框架梁的所有支座和非框架梁（不包括井字梁）的中间支座第一排非通长筋从支座边伸出至 $l_n/3$ 位置，第二排非通长筋从支座边伸出至 $l_n/4$ 位置。这是为了施工方便，且按此规定也能包括实际工程中大部分主要承受均布荷载情况，如图 1-35 所示。

左右支座锚固长度的取值判断条件：

采用直线锚固：当 h_c（柱宽）－保护层厚度 $\geqslant l_{aE}$ 时，锚固长度 $=\max\{l_{aE},(0.5h_c+5d)\}$

采用弯锚：当 h_c（柱宽）－保护层厚度 $< l_{aE}$ 时，锚固长度 $=h_c-$ 保护层 $+15d$

端支座第一排负筋长度 = 左支座或右支座锚固 + 净跨 /3

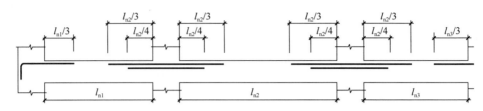

图 1-35 支座负筋相邻跨长度相等或相近示意图

端支座第二排负筋长度＝左支座或右支座锚固＋净跨/4
中间支座第一排负筋长度＝2×max（左跨净跨长/3，右跨净跨长/3）＋支座宽
中间支座第二排负筋长度＝2×max（左跨净跨长/4，右跨净跨长/4）＋支座宽
注意：当支座负筋相邻跨长相差较大时，需要在小跨区域拉通布置，如图 1-36 所示。

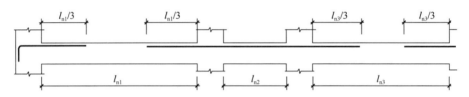

图 1-36 支座负筋相邻跨长相差较大示意图

小跨拉通的第一排负筋长度＝左跨净跨长/3+支座宽+中间跨净长+支座宽+右跨净跨长/3

小跨拉通的第二排负筋长度＝左跨净跨长/4+支座宽+中间跨净长+支座宽+右跨净跨长/4

注意：当通长筋直径与支座负弯矩钢筋直径相同时，接头位置宜在跨中 1/3 净跨范围内，如图 1-37 所示。

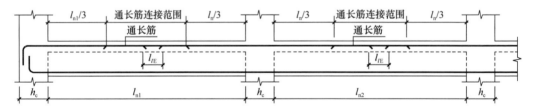

图 1-37 通长筋与支座负筋直径相同示意图

当通长筋直径小于支座负弯矩钢筋直径时，负弯矩钢筋伸出长度按设计要求（一般为 $l_n/3$，特殊情况除外），通长筋与负弯矩钢筋搭接连接，如图 1-38 所示。

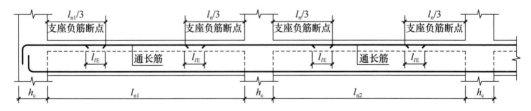

图 1-38 通长筋直径小于支座负筋直径示意图

（3）架立筋

架立钢筋是为了固定箍筋而设置的，根据梁中箍筋的形式以及通长筋的设置情况综合考虑，如图1-39所示。

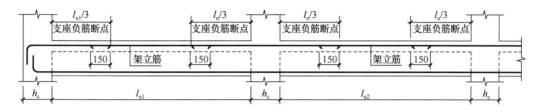

图1-39 架立筋与支座负筋的连接示意图

框架梁上部纵向受力钢筋与架立筋搭接时，箍筋不加密，如图1-40所示。

架立筋长度＝净跨长－左支座负筋净长－右支座负筋净长＋150×2

（4）侧面纵筋和拉筋，如图1-41所示

构造纵筋：当梁的高度较大时，有可能在梁侧面产生垂直于梁轴线的收缩裂缝，为此应在梁的两侧沿梁长度方向布置纵向构造钢筋。

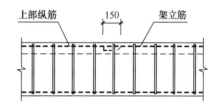

图1-40 架立筋与纵筋构造搭接示意图

当梁的腹板高度 $h_w \geqslant 450mm$ 时，需要在梁的两侧沿梁高度范围内配备纵向构造钢筋，以大写字母"G"打头标注。

梁侧面纵向构造钢筋的搭接与锚固长度可取15d。当跨内采用搭接时，在该搭接长度范围内不需要配置加密箍筋。

侧面构造纵筋长度＝净跨长＋2×15d

受扭纵筋：当梁内作用有扭矩时，无论是框架梁还是非框架梁，均由纵向钢筋和箍筋共同承担扭矩内力，以大写字母"N"打头标注。

梁侧面纵向受扭钢筋的搭接长度为l_{lE}或ll，其锚固长度为l_{aE}或l_a。当跨内采用搭接时，在该搭接长度范围内也应配置加密箍筋。

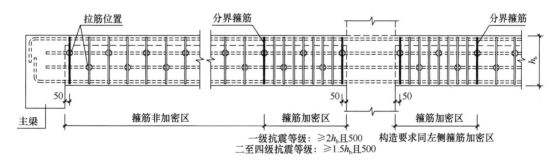

图1-41 框架梁（KL、WKL）箍筋、拉筋排布构造示意图

受扭腰筋宜在支座中锚固，当需采用连接时，可在靠近跨中部范围内连接，但宜与梁上部纵筋及梁下部纵筋的连接位置错开（不在同一连接区段），且均应满足纵向受拉钢筋

的连接要求。

侧面受扭纵筋长度 = 净跨长 +2× l_{aE}

当梁宽 ≤ 350mm 时，拉结钢筋直径为 6mm；当梁宽 > 350mm 时，拉结钢筋直径为 8mm。拉筋间距为非加密区箍筋间距的 2 倍。当设有多排拉筋时，上下两排拉筋竖向错开设置。拉筋应当同时紧靠箍筋和梁侧面纵向钢筋，且钩住箍筋。

拉筋长度 = 梁宽 −2× 保护层 +2× 箍筋直径 +20d（具体参照箍筋长度）

拉筋根数 = [（净跨长 −50×2）/ 非加密区间距的 2 倍 +1］× 侧面拉筋道数

梁的腹板高度和梁有效高度按如下规定计算：

梁腹板高度 h_w：对于矩形截面，取有效高度 h_0；对于 T 形截面，取有效高度 h_0 减去翼缘高度 h_f；对于 I 形截面，取腹板净高，如图 1-42 所示。

梁有效高度 h_0：为梁上边缘至梁下部受拉钢筋的合力中心的距离，即 $h_0=h-s$；当梁下部配置单层纵向钢筋时，s 为下部纵向钢筋中心至梁底距离；当梁下部配置两层纵向钢筋时，s 可取 70mm，如图 1-42 所示。

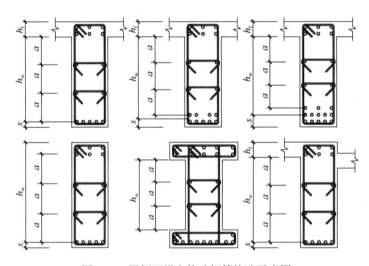

图 1-42　梁侧面纵向构造钢筋构造示意图

（5）水平加腋构造，如图 1-43 所示

当梁、柱的偏心距 e 大于柱宽 b_c 的 1/4 时，宜在梁支座处设置水平加腋，加腋部分高度同梁高，水平尺寸满足下式：

$$b_x/l_x \leqslant 1/2$$
$$b_x/b_b \leqslant 2/3$$
$$b_x+b_b+x \leqslant b_c/2$$

此时核心区截面的有效宽度 b_j 按下式取用：

当 $x=0$ 时，$b_j \leqslant b_b+b_x$

当 $x \neq 0$ 时，$b_j=b_b+b_x+x$
$$b_j=b_b+2x$$

取两式中较大值且应满足下式：

$$b_j \leqslant b_b+0.5h_c$$

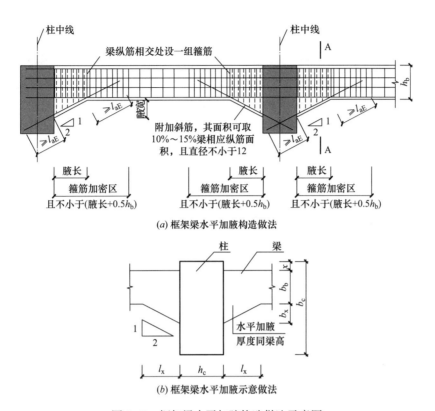

图 1-43　框架梁水平加腋构造做法示意图

当梁结构平法施工图中，水平加腋部位的配筋设计未给出时，其梁腋上下部斜纵筋（仅设置第一排）直径分别同梁内上下纵筋，水平间距不宜大于 200mm；水平加腋部位侧面纵向构造筋的设置及构造要求同梁内侧面纵向构造筋。

2. 箍筋、吊筋、附加箍筋

（1）箍筋

按照外皮尺寸计算，并结合实践经验。

箍筋长度 = 周长 $-8\times$ 保护层 $+20d$（热轧带肋钢筋）

箍筋长度 = 周长 $-8\times$ 保护层 $+19d$（光圆钢筋）

框架梁 KL 的箍筋排布，箍筋从距柱内皮 50mm 处开始设置，如图 1-44 所示。

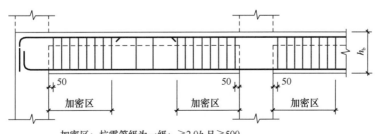

图 1-44　框架梁 KL 箍筋排布示意图

1）设一级抗震等级加密箍筋道数为 n_1 密（计算值取整，下同），n_1 密 = $(2 \times h_b - 50)$ / 加密间距 +1。

设某跨梁一级抗震等级非加密区箍筋道数 n_2，n_2 = {该跨净跨度 $-2 \times$ [50+ (n_1 密 -1) $\times$ 加密间距]} / 非加密间距 -1。

2）设二至四级抗震等级加密箍筋道数为 n_1 密（计算值取整，下同），n_1 密 = $(1.5 \times h_b - 50)$ / 加密间距 +1。

设某跨梁二至四级抗震等级非加密区箍筋道数 n_2，n_2 = {该跨净跨度 $-2 \times$ [50+ (n_1 密 -1) $\times$ 加密间距]} / 非加密间距 -1。

注意：抗震框架梁 KL 的截面高度 h_b 一般不会 ≤ 333.33mm（500/1.5），更不会 ≤ 250mm（500/2），所以直接用 $1.5 \times h_b$ 和 $2 \times h_b$ 进行计算。

以上计算式中进行了箍筋加密区的调整，因取整后加密区长度会增加，故调整间距。

（2）吊筋、附加箍筋

当在梁的高度范围内或梁下部有集中荷载时，为防止集中荷载影响区下部混凝土的撕裂及裂缝，应全部由附加横向钢筋承担，附加横向钢筋宜采用箍筋，当箍筋不足时也可以增加吊筋。不允许用布置在集中荷载影响区内的原梁内箍筋代替附加横向钢筋，如图1-45所示。

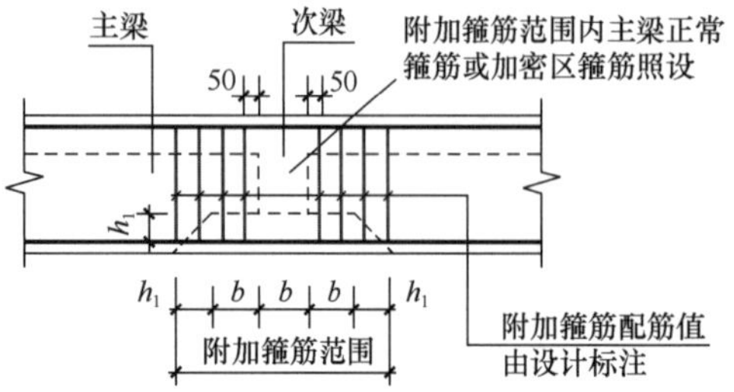

图1-45 附加箍筋范围示意图

吊筋的弯起角度：当主梁高度不大于800mm时，弯起角度为45°；当主梁高度大于800mm时，弯起角度为60°。附加吊筋的上部（或下部）平直段可置于主梁上部（或下部）第一排或第二排纵筋位置。吊筋下部平直段必须置于次梁下部纵筋之下。附加吊筋宜设在梁上部钢筋的正下方，既可由上部钢筋遮挡它，不被振捣棒偏位，又不会成为混凝土下行的障碍，如图1-46所示。

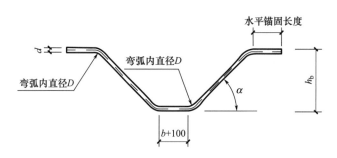

图1-46 附加吊筋构造示意图

附加吊筋的长度 = 次梁宽度 +50×2+2×（主梁高 - 保护层厚度 ×2- 箍筋直径 ×2- 梁上下纵筋直径 - 纵筋最小净距）/sin45°（60°）+20d×2

其中梁高可简化为：主梁高 $-20 \times 2 - 2 \times 10 - 20 \times 2 - 25$ = 主梁高 -120mm

吊筋下料长度包括：底部水平长度、4个弯弧长度、两个斜长、两个水平锚固长度。

注意：水平锚固长度，在受拉时取 20d；在受压时取 10d。

（二）屋面抗震框架梁

在承受以静力荷载为主的框架中，顶层端节点的梁、柱端均主要承受负弯矩作用，相当于90°折梁。节点外侧钢筋不是锚固受力，而属于搭接传力问题，故不允许将柱纵筋伸至柱顶，而将梁上部钢筋锚入节点的做法。

搭接接头设在节点外侧和梁顶顶面的90°弯折搭接（柱锚梁）和搭接接头设在柱顶部外侧的直线搭接（梁锚柱）两种方法：第一种做法（柱锚梁）适用于梁上部钢筋和柱外侧钢筋数量不致过多的民用建筑框架。其优点是梁上部钢筋不伸入柱内，有利于梁底标高处设置柱内混凝土施工缝。但当梁上部和柱外侧钢筋数量过多时，采用第一种做法将造成节点顶部钢筋的拥挤，不利于自上而下浇筑混凝土。此时，宜改为第二种方法（梁锚柱）。

在计算屋面抗震框架梁时基本上与楼层抗震框架梁相同，现只讲解不同之处。

（1）采用柱锚梁情况（需要与柱部分结合起来），如图1-47、图1-48所示。

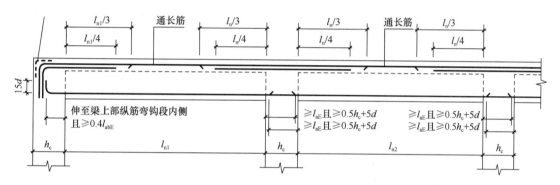

图1-47 屋面框架梁WKL纵向钢筋构造示意图

注意：梁上部纵筋伸至柱外边柱纵筋内侧并向下弯折到梁底标高。

1）用于1跨时：屋面框架梁上部通长筋长度＝净跨长＋（左支座长度－保护层）＋（右支座长度－保护层）＋2×弯折长度（梁高－保护层－箍筋直径）

2）用于多跨时：上部/下部通长筋长度＝梁总长度－保护层×2＋2×弯折长度（梁高－保护层－箍筋直径）

3）屋面框架梁上部端支座第一排负筋长度＝净跨长/3＋（左支座长度－保护层）＋2×弯折长度（梁高－保护层－箍筋直径）

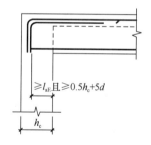

图1-48 顶层端支座梁下部钢筋直锚示意图

4）屋面框架梁上部端支座第二排负筋长度＝净跨长/4＋（左支座长度－保护层）＋2×弯折长度（梁高－保护层－箍筋直径）

（2）采用梁锚柱情况（需要与柱部分结合起来），如图1-49所示。

当梁上部纵筋钢筋配筋率大于1.2%时，宜分两批截断，截断点之间距离不宜小于$20d$。当梁上部纵筋为两排时，宜首先截断第二排钢筋。

配筋率为：梁上部纵向钢筋面积/梁截面面积。

配筋率不大于1.2%时，计算方法如下：

用于1跨时:屋面框架梁上部通长筋长度=净跨长+(左支座长度-保护层)+(右支座长度-保护层)+2×弯折长度(1.7l_{abE})

用于多跨时:上部/下部通长筋长度=梁总长度-保护层×2+2×弯折长度(1.7l_{abE})

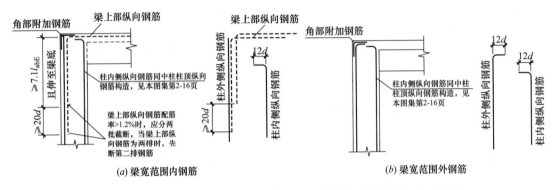

图1-49 柱外侧纵向钢筋和梁上部钢筋在柱顶外侧直线搭接构造示意图

(3)当支座两边的宽度不同或错开布置,将无法直通的纵筋弯锚入柱内时,框架梁与屋面框架梁中间支座纵向钢筋构造中的上部钢筋弯钩15d改为l_{aE},如图1-50所示。

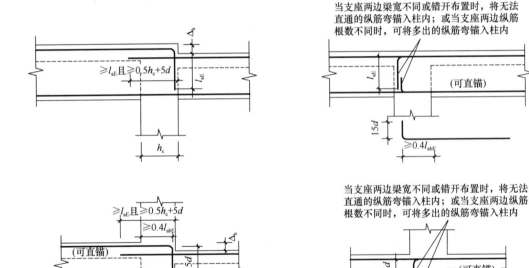

图1-50 框架梁中间支座纵向钢筋构造示意图

注意:当构件的混凝土强度等级不等时,锚固长度按钢筋锚固区段的混凝土强度等级选取,因为是梁的纵向钢筋锚入墙或柱内,所以用梁的抗震等级;又因为钢筋在墙或柱的混凝土中锚固,所以采用墙或柱的混凝土强度等级。计算1.7l_{abE}时,取1.7l_{abE}范围内的较低混凝土强度等级。

(三)非框架梁

非框架梁构造,如图 1-51 所示。"设计按铰接时"指理论上支座无负弯矩,但实际上仍受到部分约束,因此在支座区上部设置纵向构造钢筋;"充分利用钢筋的抗拉强度时"指支座上部非贯通钢筋按计算配置,承受支座负弯矩。

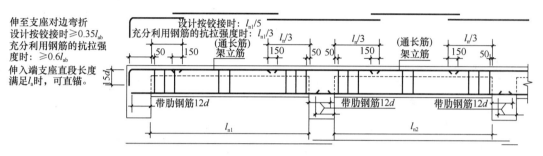

图 1-51 非框架梁配筋构造示意图

非框架梁上部纵筋长度 = 通跨净长 l_n +(左支座宽 − 保护层 +15d)+(右支座宽 − 保护层 +15d)

当下部纵向带肋钢筋伸入端支座的直线锚固不小于 12d(d 为下部纵向钢筋直径)时,可采用非框架梁端支座下部钢筋直锚的方式,如图 1-52 所示。

非框架梁下部纵筋长度 = 通跨净长 l_n+2×12d(带肋钢筋)

非框架梁下部纵筋长度 = 通跨净长 l_n+2×15d+2×6.25d(光圆钢筋)

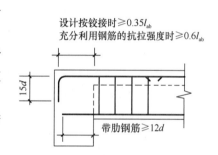

图 1-52 非框架梁端支座下部钢筋构造示意图

实际工程中,当遇到支座宽度较小,下部纵筋伸入边支座长度不能满足直锚 12d(光圆钢筋为 15d,末端做 180°弯钩)要求的情况时,可采取如图 1-53 所示的做法。

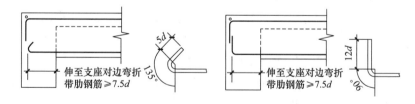

图 1-53 非框架梁端支座下部钢筋 135°弯钩示意图

非框架梁下部纵筋长度 = 通跨净长 l_n+7.5d×2+5d×2+2.89d×2−3d×2(用于带肋钢筋,其中 2.89 同箍筋长度)

注意:可采用 135°弯钩锚固时,下部纵向钢筋伸至支座对边弯折,包括弯钩在内的水平投影长度不小于 7.5d,弯钩的直线段长度为 5d。

非框架梁端支座负筋长度 = l_n/3(l_n/5)+支座宽 − 保护层 +15d

非框架梁中间支座负筋长度 = 2×l_n/3(l_n/5)+支座宽

二、梁钢筋翻样

以一层楼面梁配筋图（结施 -5），A 轴～ D 轴 /③轴为例，计算 KL1（2）的钢筋翻样配筋单。框架结构抗震等级为三级，梁保护层为 20mm，钢筋定尺长度为 9000mm，根据抗震等级（三级）、混凝土强度等级（C30）以及钢筋种类（HRB400），得出受拉钢筋抗震锚固长度 $l_{aE}=37d$，即

⊕14 钢筋的 $l_{aE}=37×12=444$（mm）

⊕18 钢筋的 $l_{aE}=37×18=666$（mm）

⊕20 钢筋的 $l_{aE}=37×20=740$（mm）

⊕22 钢筋的 $l_{aE}=37×22=814$（mm）

1. 框架梁纵筋下料长度计算

当长度超过 9m 时，考虑到利用定尺长度 9m，扣除弯折长度和弯曲调整值就是它的水平长度。

（1）上部通长筋长度（上 1 排）=（跨外长 -2× 保护层厚度）+2× 弯折长度 -2× 弯曲调整值 =（14400+120×2-2×100）+2×15×20-2×20×2=14960（mm）

（2）第一跨左负筋长度（支座 1 右）= 支座宽 - 保护层 +15d+ 净跨 /3-2× 弯曲调整值 =450-100+15×20+（2400+6000-330-225）/3-2×20=3225（mm）

（3）中间第一排负筋长度（支座 2）=2×max（左跨净跨长 /3，右跨净跨长 /3）+ 支座宽 =2×max［（2400+6000-330-225）/3，（6000-330-225）/3］+450=2×2615+450=5680（mm）

（4）中间第二排负筋长度（支座 2）=2×max（左跨净跨长 /4，右跨净跨长 /4）+ 支座宽 =2×max［（2400+6000-330-225）/4，（6000-330-225）/4］+450=2×1961.25+450=4372.5（mm）

（5）第二跨右负筋长度（支座 3 左）= 支座宽 - 保护层 +15d+ 净跨 /3-2× 弯曲调整值 =450-100+15×20+（6000-330-225）/3-2×20=2425（mm）

（6）第一跨抗扭腰筋长度（腰筋）= 净跨 + 锚固长度 ×2=7845+444×2=8733（mm）

（7）第一跨下部通长筋长度（下 1 排）=（跨外长 -2× 保护层厚度）+2× 弯折长度 -2× 弯曲调整值 =（6000+2400+120+225-2×100）+2×15×22-2×22×2=9117（mm）

（8）第二跨下部通长筋长度（下 1 排）= 净跨 + 支座宽 - 保护层厚度 + 弯折长度 + 锚固长度 - 弯曲调整值 =6000-225-330+450-100+15×18+666-18×2=6695（mm）

（9）第二跨下部通长筋长度（下 2 排）=（跨外长 -2× 保护层厚度）+2× 弯折长度 -2× 弯曲调整值 - 第二排缩减长度 =（6000+2400+120+225-2×100）+2×15×20-2×20×2-2×50=8965（mm）

2. 框架梁箍筋下料长度计算以及根数

（1）第一跨箍筋长度 =［(b- 保护层厚度 ×2)+(h- 保护层厚度 ×2)］×2+20d=［(240-20×2)+(770-20×2)］×2+20×8=2020（mm）

（2）第一跨箍筋根数 =［(1.5×h_b-50)/ 加密间距 +1］×2+｛该跨净跨度 -2×［50+(n_1 密 -1)× 加密间距］｝/ 非加密间距 -1=［(1.5×770-50)/100+1］×2+｛7845-2×［50+

$(13-1)\times100$] }$/150-1=60$（根）

（3）第二跨箍筋长度 $=[(b-$ 保护层厚度 $\times2)+(h-$ 保护层厚度 $\times2)]\times2+20d=$ $[(240-20\times2)+(500-20\times2)]\times2+20\times8=1480$（mm）

（4）第一跨箍筋根数 $=[(1.5\times h_b-50)/$ 加密间距 $+1]\times2+\{$ 该跨净跨度 $-2\times[50+(n_1$ 密 $-1)\times$ 加密间距 $]\}/$ 非加密间距 $-1=[(1.5\times500-50)/100+1]\times2+\{5445-2\times[50+(8-1)\times100]\}/150-1=42$（根）

（5）拉筋长度 $=$ 梁宽 $-2\times$ 保护层 $+2\times$ 箍筋直径 $+20d=240-2\times20+2\times8+20\times8=376$（mm）

（6）拉筋根数 $=$ [（净跨长 -50×2）/非加密区间距的 2 倍 $+1$］$\times$ 侧面拉筋道数 $=$ $[(7845-50\times2)/2\times150+1]\times2=54$（根）

3. KL1（2）钢筋排布图，如图 1-54 所示

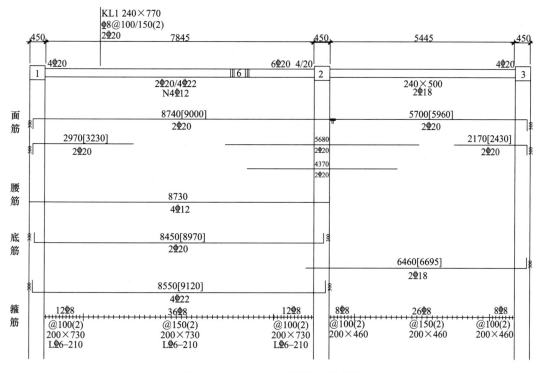

图 1-54 KL1（2）钢筋排布示意图

4. KL1（2）钢筋翻样明细表，如表 1-5 所示

梁钢筋翻样明细表 表 1-5

项目名称：综合办公楼　　构件：一层 框架梁

构件名称	直径规格	钢 筋 简 图	下料（mm）	根数	重量（kg）	备注
KL1	⌀20	300 ⌐ 8740　套　5700 ⌐ 300	9000 5960	2	73.9	上1排
	⌀20	300 ⌐ 2970 ⌐	3230	2	15.96	上1排

续表

构件名称	直径规格	钢筋简图	下料(mm)	根数	重量(kg)	备注
KL1	⌀20	5680	5680	2	28.06	上1排
	⌀20	4370	4370	2	21.59	上2排
	⌀20	2170 ⌐300	2430	2	12	上1排
	⌀12	8730	8730	4	31.01	腰筋
	⌀22	330⌐ 8550 ⌐330	9120	4	108.71	下1排
	⌀20	300⌐ 8450 ⌐300	8970	2	44.31	下2排
	⌀18	6460 ⌐270	6700	2	26.8	下1排
	⌀8	200×730	2020	60	47.87	@100/150
	⌀8	200×730	2020	6	4.79	附加箍筋
	⌀8	200×460	1480	42	24.55	@100/150
	⌀6	210	376	54	4.56	@300

第四节　板构件

一、板构造

在楼板和屋面板中，根据板的受力特点不同，所配置的钢筋也不同，主要有板下部受力钢筋、支座负弯矩钢筋、构造钢筋、分布钢筋、抗温度收缩应力构造钢筋。

① 双向板下部双方向、单向板下部短向，是正弯矩受力区，配置板下部受力钢筋。

② 双向板中间支座、单向板短向中间支座以及按嵌固设计的端支座，应在板顶面配置支座负弯矩钢筋。

③ 按简支计算的端支座、单向板长方向支座，一般在结构计算时不考虑支座约束，但往往由于边界约束产生一定的负弯矩，因此应配置支座板面构造钢筋。

④ 单向板长向板底、支座负弯矩钢筋或板面构造钢筋的垂直方向，还应布置分布钢筋；分布钢筋一般不作为受力钢筋，其主要作用是固定受力钢筋、承受和分布板上局部荷载产生的内力及抵抗收缩和温度应力。

⑤ 在温度、收缩应力较大的现浇板区域，应在板的表面双向配置防裂构造钢筋，即抗温度、收缩应力构造钢筋。当板面受力钢筋通长配置时，可兼做抗温度、收缩应力构造钢筋。

板厚范围上下各层钢筋定位排序表达方式：上部钢筋依次从上往下排；下部钢筋依次

从下往上排,如图 1-55 所示。

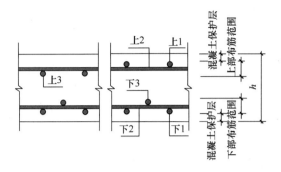

图 1-55　板厚范围上下各层钢筋定位排序表达示意图

(一)板下部受力筋钢筋长度及根数的计算

1. 板下部受力筋钢筋计算,如图 1-56 所示

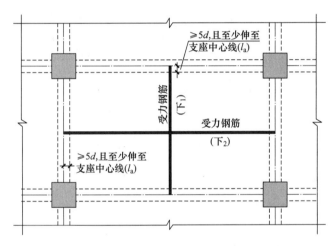

图 1-56　板下部受力筋钢筋长度计算示意图

板底筋长度 = 板净跨长度 + 左伸进长度 + 右伸进长度(考虑螺纹钢情况)

板下部受力筋钢筋伸入长度有如下情况:

(1)当板下部受力筋伸入端部支座为剪力墙、梁时,伸进支座长度 =max(支座宽度/2,5d),如图 1-57、图 1-58 所示。

(2)板下部受力筋伸入端部支座为梁板式转换层板时,伸进支座长度为两种情况:

带有转换层的高层建筑结构体系,由于竖向抗侧力构件不连续,其框支剪力墙中的剪力在转换层处要通过楼板才能传递落地剪力墙,因此转换层楼板除满足承载力外,还必须保证有足够的刚度,以保证传力直接和可靠。除强度计算外,还需要有效的构造措施来保证。转换层楼板纵向受力钢筋伸入边支座内的锚固长度按抗震设计要求,除施工图设计文件注明外,梁板式转换层楼板纵向钢筋在边支座锚固的抗震等级按四级取值,如图 1-59 所示。

1)当支座尺寸满足直线锚固时,锚固长度不应小于 l_{aE},且至少伸到支座中线,即伸进支座长度 =max(支座宽度 /2,l_{aE});

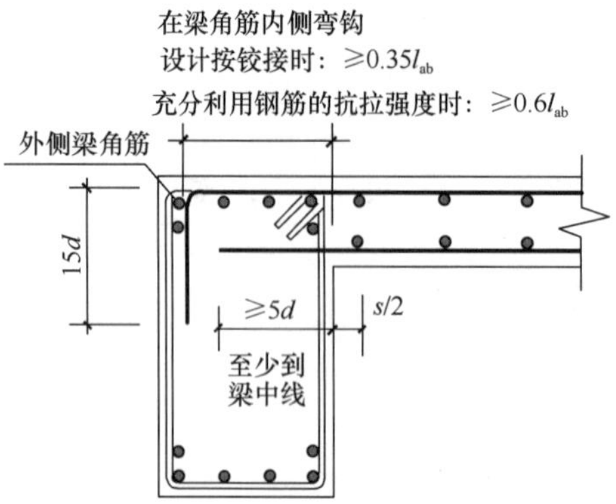

图 1-57 端支座为梁示意图 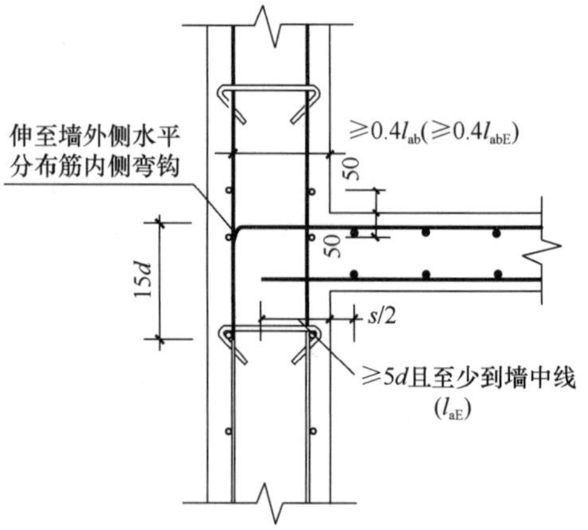　　　图 1-58 端支座为墙示意图

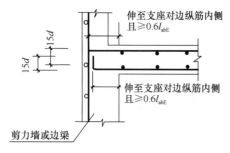

图 1-59 楼板钢筋在边支座锚固示意图

2）当支座尺寸不满足直线锚固要求时，板纵筋可采用90°弯折锚固方式，此时板上下部纵筋伸至竖向钢筋内侧并向支座内弯折，平直段长度不小于$0.6l_{abE}$，弯折段长度为$15d$，即

（边梁）伸进支座长度 = 支座宽度 − 保护层厚度 − 梁箍筋直径 − 梁角筋直径 +$15d$（剪力墙）伸进支座长度 = 支座宽度 − 保护层厚度 − 剪力墙水平筋直径 − 剪力墙竖向筋直径 +$15d$

2. 板下部受力筋根数计算，如图 1-57、图 1-58 所示

板下部受力筋根数 =（板净跨长度 − 板筋间距）/板筋间距 +1

或

板下部受力筋根数 = 板净跨长度/板筋间距

（二）板上部受力筋钢筋长度及根数的计算

施工图设计文件应注明板边支座的设计支承假定，如：铰接或充分利用钢筋的受拉强度。

① 板上部纵筋应在支座（梁、墙或柱）内可靠锚固，当满足直线锚固长度l_a时，可不弯折。

② 采用90°弯折锚固时，弯折段长度为$15d$。上部纵筋伸至梁角筋内侧弯折。弯折前的水平段投影长度，当设计按铰接时，平直段长度不小于$0.35l_{ab}$，当充分利用钢筋的抗拉强度时，平直段长度不小于$0.6l_{ab}$，如图 1-60 所示。

③ 当支座为中间层剪力墙采用弯锚时，板上部纵筋伸至剪力墙竖向钢筋内侧弯折，平直段长度不小于$0.4l_{ab}$，弯折段长度为$15d$，如图 1-60 所示。

④ 支座为顶层剪力墙时，当板跨度及厚度比较大，会使墙产生平面外弯矩时，墙外侧竖向钢筋可伸入板上部，与板上部纵向受力钢筋搭接。实际工程中采用何种做法应由设计注明，如图 1-60 所示。

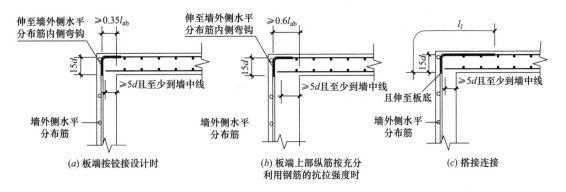

图 1-60　端部支座为剪力墙顶层钢筋构造示意图

1. 板上部受力筋钢筋长度计算，如图 1-61 所示

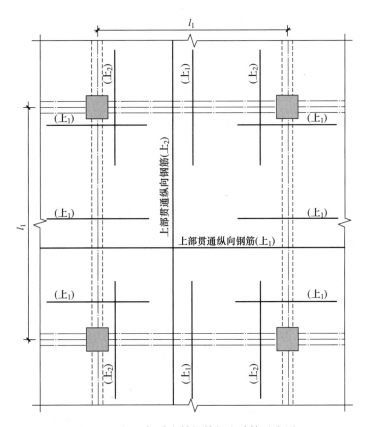

图 1-61　板上部受力筋钢筋长度计算示意图

板上部受力筋长度 = 板净跨长度 + 左伸进长度 + 右伸进长度

当支座尺寸不满足直线锚固要求时，板上部纵筋在端支座应伸至梁或墙外侧纵筋内侧后弯折 $15d$。

（1）当板上部受力筋钢筋伸入端支座为梁时：

伸进长度 = 梁宽 − 保护层厚度 − 箍筋直径 − 外侧梁角筋直径 + $15d$

（2）当板上部受力筋钢筋伸入端支座为剪力墙时：

伸进长度 = 剪力墙厚 − 保护层厚度 − 剪力墙水平筋直径 − 剪力墙竖向筋直径 +15d

(3) 板下部受力筋伸入端部支座为梁板式转换层板时：

（边梁）伸进支座长度 = 支座宽度 − 保护层厚度 − 梁箍筋直径 − 梁角筋直径 +15d（剪力墙）

伸进支座长度 = 支座宽度 − 保护层厚度 − 剪力墙水平筋直径 − 剪力墙竖向筋直径 +15d

当支座尺寸满足直线锚固要求时，板上部纵筋在端支座应伸至梁或墙，平直段长度分别为 l_a、l_{aE}（梁板式转换层板如上说明），即伸进支座长度 = l_a（l_{aE}）。

2. 板上部受力筋根数计算，如图 1-57、图 1-58 所示

板上部受力筋根数 =（板净跨长度 − 板筋间距）/ 板筋间距 +1

或

板上部受力筋根数 = 板净跨长度 / 板筋间距

（三）板支座负筋钢筋长度及根数的计算，如图 1-62 所示

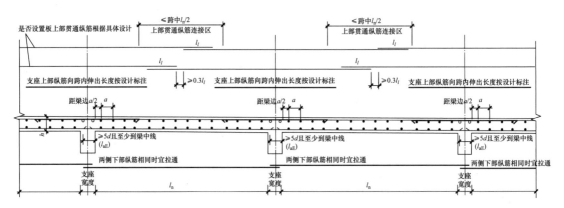

图 1-62 板支座负筋钢筋计算及根数示意图

1. 端支座负筋长度计算

伸入支座长度同板上部受力筋判定条件。

端支座负筋长度 = 负筋板内净长度 + 伸入支座长度

端支座负筋根数 =（板负筋净跨长度 − 板筋间距）/ 板筋间距 +1

2. 中间支座负筋长度计算

注意：当板支座上部非贯通筋图纸未明确时，按照 22G101-1 规定为自支座边线向跨内的伸出长度，注写在线段的下方位置。

中间支座负筋长度 = 左负筋板内净长度 + 中间支座宽度 + 右负筋板内净长度

中间支座负筋根数 =（板负筋净跨长度 − 板筋间距）/ 板筋间距 +1

（四）分布钢筋长度及根数的计算，如图 1-63、图 1-64 所示

分布钢筋应满足要求，一般情况下设计人员会在施工图中注明采用的规格和间距，由施工单位在需要配置的位置布置。

① 分布钢筋的直径不宜小于 6mm，间距不宜大于 250mm，板上有较大集中荷载时不宜大于 200mm。

② 按单向板设计的四边支承板，在垂直于受力钢筋方向布置的分布钢筋截面面积不宜小于单位宽度受力钢筋截面面积的 15%，且配筋率不应小于 0.15%。

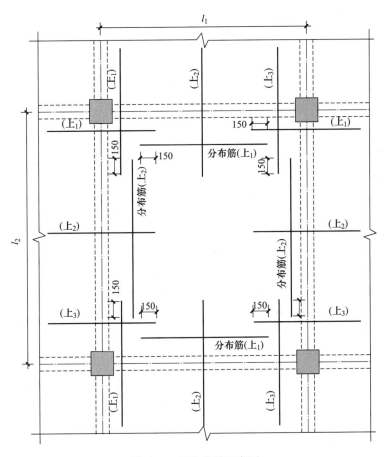

图 1-63 板分布筋示意图

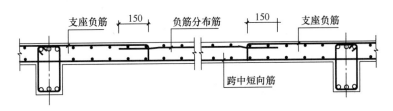

图 1-64 分布筋长度示意图

分布筋长度 = 两端支座负筋净距 +150 × 2

分布筋根数 =（板负筋净跨长度 −0.5 × 板筋间距）/ 板筋间距 +1

（五）温度筋长度及根数的计算，如图 1-65 所示

抗温度、收缩应力构造钢筋，设计人员须在施工图设计文件中给出规格、间距以及需要布置的位置。

① 板表面设置的抗温度、收缩应力钢筋与支座负筋的搭接长度，若施工图设计文件未注明时，按受拉钢筋的要求搭接或在周边构件中锚固。

② 无特殊要求时，分布钢筋与受力钢筋搭接长度为 150mm。

③ 板表面防裂构造钢筋利用原有受力钢筋贯通布置，并在支座处另设负弯矩钢筋时，

两种钢筋的牌号和间距宜相同，才可以做到"隔一布一"。

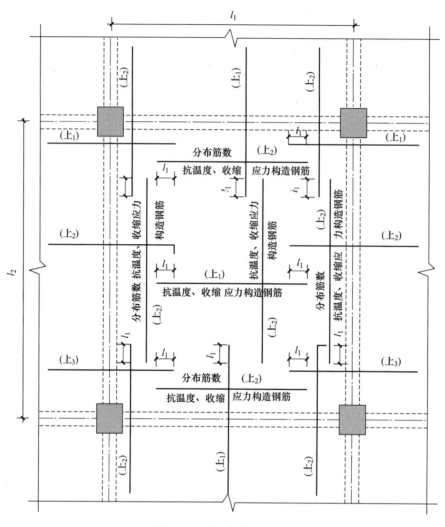

图 1-65　板温度筋示意图

温度筋长度 = 板净跨长度 − 左负筋板内净长度 − 右负筋板内净长度 + 搭接长度 × 2

温度筋根数 = （板垂直向净跨长度 − 左负筋板内净长度 − 右负筋板内净长度）/ 温度筋间距 − 1

二、板钢筋翻样

以一层楼面板配筋图（结施 −7）为例，计算板的钢筋翻样配筋单。混凝土强度等级（C30）以及钢筋种类（HRB400），得出受拉钢筋抗震锚固长度 $l_{ab}=35d$，即 $l_{ab}=35 \times 8=280$（mm），楼板外围搁置在混凝土梁上，在计算长度时，要充分考虑安装间隙。

1. 板底筋，以 A-B/ ① - ② 为例，编号标注为 B1#

（1）x 向钢筋计算

板底筋长度 = 板净跨长度 + 左伸进长度 + 右伸进长度

板净跨长度 =3000−120−120=2760（mm）
左伸进长度 =max（支座宽度/2，5d）=max（240/2，5×8）=120（mm）
右伸进长度 =max（支座宽度/2，5d）=max（240/2，5×8）=120（mm）
板底筋长度 =2760+120+120=3000（mm）
板下部受力筋根数 = 板净跨长度［取异侧净距］/ 板筋间距
 =（6000−120−120）/200=29（根）

（2）y 向钢筋计算

板底筋长度 = 板净跨长度 + 左伸进长度 + 右伸进长度
板净跨长度 =6600−120−120=5760（mm）
左伸进长度 =max（支座宽度/2，5d）=（240/2，5×8）=120（mm）
右伸进长度 =max（支座宽度/2，5d）=（240/2，5×8）=120（mm）
板底筋长度 =5760+120+120=6000（mm）
板下部受力筋根数 = 板净跨长度（取异侧净距）/ 板筋间距
 =（3000−120−120）/200=14（根）

2. 板支座负筋，以 A-B/③为例，编号标注为 FJ2#

中间支座负筋长度 = 左负筋板内长度 + 右负筋板内长度 =1300+1300=2600（mm）
中间支座负筋根数 = 板负筋净跨长度 / 板筋间距 =（6000−120−120）/100=58（根）

3. 分布筋，以 A-B/③-④为例，编号标注为 FBJ3#

因端支座负筋长度不是按照轴线考虑，需要推导到轴线即中心线的位置：240（梁宽）−20（梁保护层）−8（梁箍筋直径）−20（梁纵向钢筋直径）=192（mm）。如图 1-66 所示。

（1）x 向钢筋计算

分布筋长度 = 两端支座负筋净距 +150×2=4500−1300−1300+150×2=2200（mm）

③ 轴右侧分布筋根数 =（板负筋净跨长度 −0.5×板筋间距）/ 板筋间距 +1=（1300−240÷2−0.5×250）/250+1=6（根）

④ 轴左侧分布筋根数 =（板负筋净跨长度 −0.5×板筋间距）/ 板筋间距 +1=（1300−240÷2−0.5×250）/250+1=6（根）

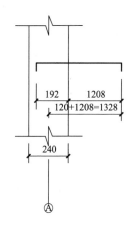

图 1-66 端支座中心线推导示意图

（2）y 向钢筋计算

分布筋长度 = 两端支座负筋净距 +150×2=6000−1328−1300+150×2=3672（mm）

A 轴分布筋根数 =（板负筋净跨长度 −0.5×板筋间距）/ 板筋间距 +1=（1208−0.5×250）/250+1=6（根）

B 轴分布筋根数 =（板负筋净跨长度 −0.5×板筋间距）/ 板筋间距 +1=（1300−240÷2−0.5×250）/250+1=6（根）

4. A-B/①-④钢筋排布图,如图 1-67 所示

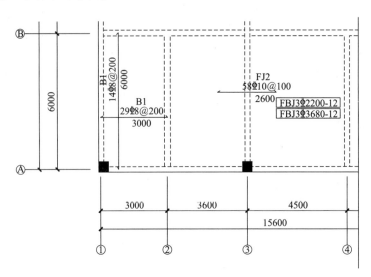

图 1-67　A-B/①-④钢筋排布示意图

5. A-B/①-④钢筋翻样明细表,如表 1-6 所示

板钢筋翻样明细表　　　　　　　　　　　　　表 1-6

项目名称：综合办公楼　　　　　构件：一层楼面板

构件名称	直径规格	钢筋简图	下料(mm)	根数	重量(kg)	备注
B1	⌀8	6000	6000	14	33.18	@200
	⌀8	3000	3000	29	34.36	@200
FJ2	⌀10	2600	2600	58	93.04	@100
FBJ3	⌀6	3680	3680	12	9.8	@250
	⌀6	2200	2200	12	5.86	@250

第五节　钢筋管理

一、技术交底

(一)工程概况

1. 基本信息：本工程位于山东省,主体结构为地上二层,主体高度 7.800m,结构形式为框架结构,基础采用独立基础,框架柱嵌固部位在基础顶面。
2. 抗震等级：抗震等级为三级,非框架梁,现浇板,基础构件不抗震。

(二)钢筋连接方式

根据市场情况,直径 16 及以上使用直螺纹连接,直径 14 及以下使用搭接连接。

(三）钢筋绑扎要求

1. 钢筋绑扎搭接接头应在接头中心和两端用铁丝扎牢，墙、柱、梁钢筋骨架中各竖向钢筋网交叉点应全数绑扎；板上部钢筋网的交叉点应全数绑扎，底部钢筋网除边缘部分外可间隔交错绑扎。

2. 梁柱节点部位绑扎，先将计算好的所需柱箍筋数量套入柱竖筋，然后插入梁底钢筋，绑扎柱箍筋，最后插入梁上部钢筋，依次进行。在梁柱节点处，柱箍筋应按加密区间距连续设置，不得随意加大箍筋间距。

3. 钢筋绑扎施工及混凝土浇筑应搭设操作马道，严格控制板面负弯矩筋被踩踏，钢筋踩弯应及时调整恢复。

(四）钢筋加工要求

1. 严格按照下料单控制切断尺寸，应以钢筋配料单提供的钢筋级别、直径、外形和下料长度为依据，在工作台上标出尺寸刻度线并设置控制断料尺寸用的挡板，调整固定刀片与冲切刀片间的水平间隙，精确控制钢筋的下料长度，弯曲机的芯轴（弯弧内径）应满足要求，如图1-68所示。

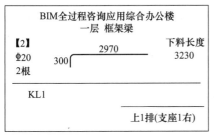
(a) BIM方式加工单

(b) 简易加工单

图1-68 加工单示意图

2. 机械连接及定位用钢筋应采用专用砂轮切割机，保证端头平直，顶端切口无有碍于套丝质量的斜口、马蹄口或扁头。加工直螺纹丝头时，应用水溶性润滑液，严禁用机油做润滑液或不加润滑液加工丝头。加工完的直螺纹应套塑料保护帽。

3. 根据《钢筋机械连接技术规程》JGJ 107—2016 第4.0.3条规定：机械连接结构等级为Ⅰ级接头或Ⅱ级接头时，可不考虑连接位置。

4. 钢筋切断应根据钢筋号、直径、长度和数量，长短搭配，先断数量多的，后断数量少的，先断长料，后断短料，尽量减少和缩短钢筋短头，以节约钢材。

5. 钢筋加工半成品应有吊牌标识，标识上注明编号、部位、规格、尺寸形状、数量。半成品吊牌采用防水、防撕的耐用布质材料，牢固地绑扎在钢筋半成品上。

6. 在切断过程中，如发现钢筋有劈裂、缩头或严重的弯头等，必须切除。

(五）钢筋起步距离

1. 楼板的纵横钢筋距墙边、梁边的起始距离为板钢筋间距的一半。
2. 梁箍筋起步筋距柱边的起始距离为50mm；次梁箍筋距主梁边的起始距离为50mm。
3. 柱箍筋起步筋距楼板面的起始距离为50mm。

4. 独立基础纵横钢筋距基础边的起始距离为板钢筋间距的一半和75mm 的最小值。

（六）搭接长度

1. 条形基础分布筋与条形基础同向分布筋、条形基础分布筋与条形基础同向受力筋搭接长度为150mm。
2. 架立筋为构造钢筋，搭接长度为150mm。

（七）锚固要求

1. 梁的锚固长度按支座（墙、柱）锚固区的混凝土强度等级和抗震等级确定。
2. 框架顶层中间节点当截面尺寸满足直锚长度时直锚；不满足直锚长度，且柱顶现浇板厚度不小于100mm 时，柱纵筋伸至柱顶可向节点外弯折12d。
3. 梁纵向钢筋支座处弯折锚固，其水平投影长度应不小于0.4 倍基本锚固长度，并伸至能达到的最长位置处弯折（紧靠柱箍筋内侧或柱外侧纵筋内侧，并保持净距25mm）。
4. 梁底筋能通则通，严禁每跨在框架柱部位断开锚固。
5. 梁的侧面钢筋采用抗扭时，可每跨断开锚固，这样会减少钢筋搭接的长度以及搭接区箍筋加密所增加的钢筋用量增大。当采用构造时，可不受限制。
6. 板底筋在不超过9000mm 时，能通则通。
7. 当锚固长度范围内纵向受力钢筋周边保护层厚度为3d（d 为锚固钢筋的直径）时，锚固长度可乘以0.8；保护层厚度不小于5d 时，锚固长度可乘以0.7。

（八）钢筋原材

1. 根据项目部制定的施工进度计划，并结合现场实际进度、工程钢筋用量，合理采购钢筋原材。不能太少，以免影响现场施工进度，也不能太多，给项目造成不必要的资金压力。
2. 根据工程实际需要合理制定钢筋原材（9000mm 和12000mm）采购比例，以保障钢筋加工的出材率，并结合市场实际情况，充分考虑钢筋原材9000mm 以及12000mm 的订货周期和价格。
3. 工程施工过程中应及时将钢筋进货量与钢筋配料单钢筋量进行对比，钢筋进货量和钢筋配料单钢筋量基本吻合，不要超出钢筋配料单钢筋量，以免造成钢筋进货量超出钢筋配料单钢筋量，损失项目资金。

（九）钢筋分类

在钢筋加工中产生的余料和废料需要进行分类码放处理，整齐有序。剩余箍筋可用于下一施工段，不能再利用的箍筋可改用于拉筋，杜绝现场乱切钢筋的现象。

钢筋粗细、长短需分类码放。废料池钢筋理论上不能有直径C6～C10 的盘螺钢筋，大直径钢筋余料长度不大于300mm。产生的余料、废料应及时使用，可用于制作马镫、梯子筋和梁垫铁等。

二、料单管理

（一）料单编号

一般规则：文件命名以简短、明了描述文件内容为原则；宜用中文、英文、数字等计算机操作系统允许的字符，不能使用空格；可使用字母大小写方式、中画线"—"或下画线"–"来隔开单词，间隔符均以英文下画线表示。文件命名尽量使用英文加数字表示，料单编号要清晰、连续。

1. 同一项目一般料单名称用楼栋名称+楼层+编号。例如：ZHBGL_F1_02（综合办公楼1层02），项目在料单封面考虑；

地上楼层编码应以字母F开头加2位数字（超过99层用3位数字，小于10层用1位数）表达，地下层编码应以字母B开头加2位数字表达，屋顶编码应以RF表达，夹层编码表示方法为楼层编码+M；

2. 同一项目存在多个单体且分流水段施工时，一般名称用楼栋名称+楼层+施工段+编号。例：ZHBGL_F1_Ⅱ_02（综合办公楼1层2段流水段02）。

注意：项目命名、楼栋号和楼层命名宜与施工图纸中的项目名称、楼栋号和楼层相同。

（二）料单封面

编制钢筋配筋料单封面，是为了便于现场查阅与管理：纸质版料单采用双签字，即编制人、审核人签字，可根据项目部实际要求进行签字。料单需要盖项目红章方可发放。料单封面要有钢筋重量表、套筒正反丝头统计表等，以便于钢筋精细化管理。料单编号要清晰、连续。项目名称、施工部位要清楚注明，如图1-69所示。

料表编号：ZHBGL_F1_03

××××

项　目：BIM全过程咨询应用

栋　号：综合办公楼

部　位：一层 楼面板

分类	⌀6	⌀8	⌀10	合计
重量	16kg	68kg	93kg	0.177t

1. 班组接到料单后应核对无误方可加工；
2. 本料单标注方法为中心线标注；
3. 抗震等级为三级，混凝土强度等级为C30；
4. 锚固长度为37d；
5. 钢筋精细化管理概况

审　核：　　　　　　　　翻　样：

日　期：　　年　月　日

图1-69　钢筋配料单封面示意图

第二章　成本管理

《建设工程计量与计价实务》（土木建筑工程）是山东省工程建设标准造价协会2020年2月编印的山东省二级造价工程师职业考试培训教材的建筑工程册。在二级造价工程师培训授课过程中，发现原教材存在一些瑕疵，在原教材上改正多有不便，现应广大学员要求，将授课资料整理出版以方便授课与学习。

1. 本章例题对原教材做了下列工作：

（1）修改了原教材的设计施工图

修改了原施工图中存在的错误，如，结施 –2 大样图"TJ-1"右侧尺寸，将"1600"修改为"1700"，"1900"修改为"2000"，基底标高"–2.100"修改为"–2.200"。

补齐了原施工图不完善的解题条件，如，建施 –2 做法表"顶棚一"中，将"轻钢龙骨双层骨架"修改为"不上人 U 形轻钢龙骨双层骨架"。补齐轻钢龙骨套用定额的已知条件，才能准确地套用消耗量定额子目。

增加了原施工图缺少的措施项目内容，如，结施 –1 左下角增加了脚手架、安全网、现浇混凝土模板、垂直运输机械等三条内容。这些内容应该出现在施工单位的施工组织设计中，但由于这是个教学例题，没有单独的施工组织设计，故增加这些内容，以方便解题。

以上三类修改的其他具体内容，不再一一赘述。修改后的设计施工图，详见本书附图。本章例题题解，仅对修改后的设计施工图负责。

（2）采用了原教材的所有例题：

本章例题采用了原教材的所有例题，并且每个例题的计算范围、例题表述措辞，均与原教材相同，以方便对照。本章例题分布，如表 2-1 所示。

例题代号设置与分布　　　　　　　　表 2-1

题号	第一节		第二节	
	定额计量	定额计价	清单计量	清单计价
	【例 2-1- 题号】	【例 2-2- 题号】	【例 2-3- 题号】	【例 2-4- 题号】
【例 2- 节号 –1】	√	√	√	√
【例 2- 节号 –2】	√	√	√	√
【例 2- 节号 –3】	√	√	√	√
【例 2- 节号 –4】	√	√	√	√
【例 2- 节号 –5】	√	√	√	√
【例 2- 节号 –6】	√	√	√	√
【例 2- 节号 –7】	√	√	√	√
【例 2- 节号 –8】	—	√	—	√

2. 本章例题的计算依据：

综合办公楼设计施工图（后附）和各例题给定的已知条件

《建设工程工程量清单计价规范》（GB 50500—2013）

《房屋建筑与装饰工程工程量计算规范》（GB 50854—2013）

《消耗量定额与清单衔接对照表（建筑工程专业）》（鲁建标字〔2017〕20号）

《山东省建筑工程消耗量定额》（SD 01-31-2016）

《关于对2016版计价依据勘误的通知》（鲁标定字〔2018〕5号）

《关于发布山东省建设工程计价依据动态调整汇编的通知》（鲁建标字〔2022〕2号）

《山东省建筑工程消耗量定额交底培训资料》（2017年）

《山东省建筑工程价目表》（2019年）：

其中：省价人工单价，建筑工程110元/工日，装饰工程120元/工日；合同人工单价，建筑工程100元/工日，装饰工程115元/工日；合同材料单价和机械单价，均执行省价。

《山东省建设工程费用项目组成及计算规则》（2016年）：

其中：工程类别为Ⅲ类，建筑工程管理费费率25.6%，利润率15%；装饰工程管理费费率32.2%，利润率17.3%；住房公积金暂按合同人工费的3.8%计算；环境保护税暂按规费前造价的0.3%计算；优质优价费用暂不计算。

3. 本章例题的具体说明：

（1）原教材出版于2020年2月，因此原教材题解采用了《山东省建筑工程价目表》（2019年）和《山东省建设工程费用项目组成及计算规则》（2016年）。山东省现行计价依据是2020年价目表和2022年费用规则。两届不同的价目表仅仅是价格数值的不同；两届不同的费用规则虽然有费用项目的增加或减少，但计算程序、计算方法没有任何改变。

因此，本章例题仍采用2019年价目表和2016年费用规则（详见计算依据），以方便对照。

（2）由于工程量清单中的其他项目清单与工程量计算、套用定额和综合单价组价没有直接联系，故本章例题没有涉及其他项目清单的内容。

（3）2022年1月山东省住房和城乡建设厅发布了《关于发布山东省建设工程计价依据动态调整汇编的通知》（鲁建标字〔2022〕2号）。由于原教材出版发行在先，所以原教材题解中没有2号文件调整的因素。本章例题题解已充分体现了2号文件调整的相关内容。

（4）本章例题中未使用原教材例题中的干拌砂浆。

消耗量定额总说明规定：**本定额中所有（各类）砂浆均按现场拌制考虑，使用预拌砂浆（干拌）的，除将定额中的现拌砂浆调换成预拌砂浆（干拌）外，另按相应定额中每立方米砂浆扣除人工0.382工日、增加预拌砂浆罐式搅拌机0.041台班，并扣除定额中灰浆搅拌机台班的数量。**

以上说明给出了人工、机械的调整办法。至于砂浆本体，如何将定额中的现拌砂浆调换成预拌砂浆（干拌），定额没有说明。

目前，多数套价软件采用的方法是：子目中现拌砂浆（含水）的体积数不变，由套价人自行确定干拌砂浆（含水）的单价。也就是说，套价人要确定每立方米干拌砂浆（含水）用多少千克干拌砂浆（不含水），加多少千克水。可见，要确定干拌砂浆（含水）的单价比较繁琐。

首先，预拌砂浆与现拌砂浆一样，也区分不同的种类、不同的强度等级（配合比）。预拌砂浆与现拌砂浆强度等级的对应关系，如表2-2所示。

预拌砂浆与现拌砂浆强度等级的对应关系　　　　表2-2

种类	预拌砂浆		现拌砂浆	
	（D*）干拌	（W*）湿拌	混合砂浆	水泥砂浆
砌筑砂浆（*M）	DM M5	WM M5	M5 混合砂浆	M5 水泥砂浆
	DM M7.5	WM M7.5	M7.5 混合砂浆	M7.5 水泥砂浆
	DM M10	WM M10	M10 混合砂浆	M10 水泥砂浆
	DM M15	WM M15		M15 水泥砂浆
	DM M20	WM M20		M20 水泥砂浆
抹灰砂浆（*P）	DP M5	WP M5	1:1:6 混合砂浆	
	DP M10	WP M10	1:1:4 混合砂浆	
	DP M15	WP M15		1:3 水泥砂浆
	DP M20	WP M20	1:1:2 混合砂浆	1:2.5、1:2 水泥砂浆
地面砂浆（*S）	DS M15	WS M15		1:3 水泥砂浆
	DS M20	WS M20		1:2 水泥砂浆

其次，不同种类、不同强度等级的干拌砂浆（不含水），其密度不同。

再次，干混砂浆应按产品说明书的要求加水或其他配套组分拌和（《预拌砂浆应用技术规程》JGJ/T 223-2010 规定）。

例如，青建管字〔2010〕30号文件规定，干拌（混）砂浆和水的配合比，可按砂浆生产企业使用说明的要求进行。编制招标控制价或投标报价时，应将每立方米现拌砂浆换算成干拌（混）砂浆1.75t及水0.29t。

由于确定干拌砂浆（含水）的单价比较繁琐，故本章例题题解不再使用干拌砂浆，改为使用现拌砂浆（与定额子目同口径）。

（5）现拌砂浆用砂为符合规范要求的过筛净砂，进入施工现场的砂不符合相关规范的质量要求，不能直接用于砂浆搅拌，必须经过过筛处理。

定额1-4-6毛砂过筛子目，系各种砂浆用砂的过筛用工。毛砂过筛，按砌筑砂浆、抹灰砂浆等各种砂浆用砂的定额消耗量之和计算。

其计算公式为：

毛砂过筛工程量=∑（配合比表中砂含量×相应定额砂浆含量×砌筑、抹灰相应工程量）

为不增加例题的繁琐程度，本章例题题解仅通过【例2-2-2】、【例2-4-2】砌体子目说明毛砂过筛的计量与计价，其他子目不再涉及。

第一节 定额计量与计价

一、定额计量

在定额计价方式中,一个分项工程基本上就是消耗量定额的一个子目,也是施工过程中的一个基本工序。

在定额计价方式中,分项工程的工程量由计价人依据定额工程量计算规则计算而得。

定额工程量计算规则,不仅与相应定额的章、节、子目相对应,而且与相应定额的定额水平(人工、材料、机械台班消耗量)相适应。依据定额工程量计算规则,可将设计文件和经过批准的施工组织设计(或施工方案)中的可读数量一一计算清楚。这些工程量是准确或基本准确的、可用于施工过程中的计件计量(人工、机械)和材料计量(备料、投料)。

所谓定额计量,即根据定额工程量计算规则,逐一计算单位工程中每一个分项工程(子目)的定额工程量。

以下【例 2-1-1】~【例 2-1-7】,分别列出了各例题所有定额工程量的计算过程(主要定额计算规则的原文,以黑体字表示;需要特别强调的难点,辅以插图),并将计算结果集中汇总于各例题最后的分部分项工程工程量表中。

【例 2-1-1】根据本工程 "结施 –2" 基础平面布置图,计算③、⑤、C、D 轴所围范围内 TJ-1、DJP01、DJP02 的土方开挖和回填定额工程量,并计算此范围内的条形基础及垫层、独立基础及垫层混凝土定额工程量,钢筋工程除外。

土壤类别为普通土,机械挖土采用机械槽坑上作业。独立基础、条形基础均采用商品混凝土,汽车泵泵送方式浇筑。现场因施工条件限制,槽边不堆放土方,开挖后运走,运距按 1km 考虑。回填夯实,场内倒运土方,运距为 1km。

本题增加说明:基础脚手架、现浇混凝土模板、挖土机械进出场等,不计算。

 1. 挖沟槽土方,如图 2-1 所示:

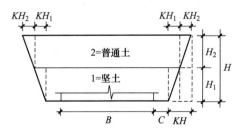

图 2-1 土方等坡沟槽体积示意图

沟槽土石方,按设计图示沟槽长度乘以沟槽断面面积,以体积计算。

挖沟槽土方 $V=(B+2\times C+K\times H)\times H\times L$

式中 B——设计图示条形基础（含垫层）的宽度（m）；
C——基础（含垫层）工作面宽度（m）；
H——沟槽开挖深度（m）；
L——沟槽长度（m）；
K——土方综合放坡系数（等坡）；
V——沟槽土方体积（m³）。

（1）沟槽断面面积：

沟槽的断面面积，应包括工作面、土方放坡的面积。

1）沟槽宽度：

构成基础的各个台阶（各种材料），均应按下列规定，满足其各自工作面宽度的要求，如图 2-2 所示。

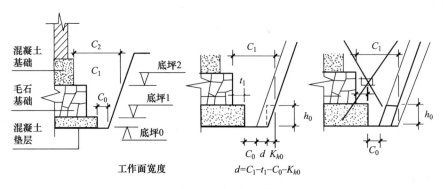

图 2-2 工作面示意图

① 各个台阶的单边工作面宽度，均指在台阶底坪高程上、台阶外边线至土方边坡之间的水平宽度。

② 基础的工作面宽度，是指基础的各个台阶（各种材料）要求的工作面宽度的"最大者"（使得土方边坡最外者）。

③ 在考查基础上一个台阶的工作面宽度时，要考虑到由下一个台阶的厚度所带来的土方放坡宽度（K_{h1}）。

④ 土方的每一面边坡（含直坡），均应为连续坡（边坡上不出现错台）。

基础施工的单面工作面宽度：混凝土基础（支模板）400mm；混凝土基础垫层（支模板）150mm。

基础土方放坡，自基础（含垫层）底标高算起，如图 2-3 所示。

即 $B=0.80$，$C=0.15+（0.40-0.10-0.15-0.10×0.5）=0.25$

2）沟槽深度：

$H=2.30-0.45=1.85$（m）

土类为普通土，1.85m＞1.20m，放坡，机械槽坑上作业，放坡系数 $K=0.50$。

沟槽断面面积 =（0.80+0.25×2+1.85×0.50）×1.85=4.12（m²）

（2）沟槽长度，如图 2-4 所示：

框架间墙条形基础沟槽，按框架间墙条形基础的垫层（基础底坪）净长度计算。

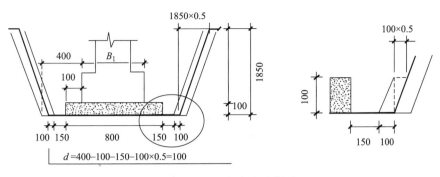

图 2-3 基础土方放坡示意图

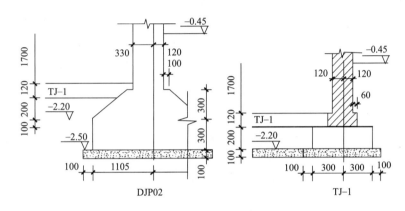

图 2-4 沟槽长度示意图

柱间条形基础垫层，按柱基础（含垫层）之间的设计净长度乘以垫层平均断面面积，以体积计算。

③、⑤、C、D 轴（9.00+6.00）×2-（1.105×2+1.25×4+1.355×2）=20.08（m）

内墙条形基础沟槽，按内墙条形基础的垫层（基础底坪）净长度计算。

条形基础垫层，内墙按其（内墙条形基础垫层）设计净长度乘以垫层平均断面面积，以体积计算。

④ 轴上 C～D 轴之间：6.00-0.40×2=5.20（m）

沟槽长度合计：20.08+5.20=25.28（m）

（3）挖沟槽土方：

挖沟槽土方：（0.80+0.25×2+1.85×0.50）×1.85×25.28=104.15（m³）

人工清底：104.15m³

自卸汽车运土方 1km 以内：104.15m³

2．挖地坑土方：

（1）基础施工单面工作面宽度：

混凝土基础（支模板）400mm；混凝土基础垫层（支模板）150mm。土类为普通土，2.15m＞1.20m，放坡，机械槽坑上作业，放坡系数 K=0.50。

地坑深度：2.60-0.45=2.15（m）

（2）地坑个数：

DJP01×3 个，DJP02×1 个。

地坑土方，按设计图示基础（含垫层）尺寸，另加工作面宽度、土方放坡宽度，乘以开挖深度，以体积计算，如图 2-5 所示。

挖地坑土方 $V=(A+2\times C+K\times H)\times(B+2\times C+K\times H)\times H+1/3\times K^2\times H^3$

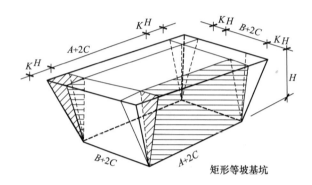

图 2-5 矩形等坡基坑示意图

挖地坑土方 $V_{01}=(A+2\times C+K\times H)\times(B+2\times C+K\times H)\times H+1/3\times K^2\times H^3$
$=[(2.7+2\times 0.25+2.15\times 0.5)^2\times 2.15+1/3\times 0.5^2\times 2.15^3]\times 3=120.36$（m³）

$V_{02}=(A+2\times C+K\times H)\times(B+2\times C+K\times H)\times H+1/3\times K^2\times H^3$
$=(2.2+2\times 0.25+2.15\times 0.5)^2\times 2.15+1/3\times 0.5^2\times 2.15^3=31.47$（m³）

挖地坑土方合计 $V=120.36+31.47=151.83$（m³）

人工清底：151.83m³

自卸汽车运土方 1km 以内：151.83m³

3．C20 混凝土垫层：

（1）柱间条形基础垫层，按柱基础（含垫层）之间的设计净长度乘以垫层平均断面面积，以体积计算。

条形基础垫层，内墙按其（内墙条形基础垫层）设计净长度乘以垫层平均断面面积，以体积计算。

条形基础垫层长度 = 沟槽长度 =25.28（m）

条形基础垫层：0.80×0.10×25.28 =2.02（m³）

（2）独立基础垫层，按设计图示尺寸乘以平均厚度，以体积计算。

独立基础垫层：2.70×2.70×0.10×3+2.20×2.20×0.10=2.67（m³）

混凝土垫层合计：2.02+2.67=4.69（m³）

混凝土泵送子目，按各混凝土构件的混凝土消耗量之和，以体积计算。

由上，汽车泵泵送垫层混凝土：10.1×4.69/10=4.74（m³）

4．C30 混凝土基础：

（1）带形基础，内墙按设计内墙基础净长度乘以设计断面面积，以体积计算。独立基础间的带形基础体积，参照该条办理，如图 2-6 所示。

条形基础 TJ-1 坐落于垫层之上的总长度：25.28m

TJ-1 一个端头在 DJP02 坡面上的平均长度：

因为,(1.105-0.33-0.10)/TJ-1 端头顶面长度 =0.3/0.2
所以,坡面上的平均长度 =(1.105-0.43)×0.2/0.3×1/2

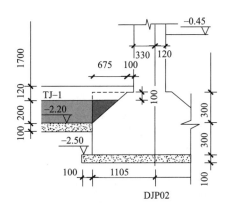

图 2-6 带形基础体积示意图

TJ-1 端头在 DJP 坡面上的总平均长度:
[(1.105-0.43)×2+(1.25-0.325)×4+(1.355-0.43)×2]×0.2/0.3×1/2=2.30(m)
④轴 TJ-1 两端头(压垫层)长度:0.10×2=0.20(m)
混凝土条形基础:(25.28+2.30+0.20)×0.60×0.20=3.33(m³)

(2)**独立基础**,包括各种形式的独立基础及柱墩,其工程量按图示尺寸,以体积计算。
DJP01 [$2.50^2 × 0.30 + 1/3 × 0.30 × (0.65^2 + 2.50^2 + 2.5 × 0.65)$]×3=8.12(m³)
DJP02 $2.00^2 × 0.30 + 1/3 × 0.30 × (0.65^2 + 2.00^2 + 2.0 × 0.65)$=1.77(m³)
混凝土独立基础:8.12+1.77=9.89(m³)
混凝土基础合计:3.33+9.89=13.22(m³)
由上,汽车泵泵送基础混凝土为:10.1×13.22/10=13.35(m³)

5. 砖条形基础(设计室外地坪以下):

(1)**柱间条形基础**,按柱间墙体的设计净长度乘以设计断面面积,以体积计算。
柱间墙体长度:(9.00+6.00)×2-0.33×4-0.225×4=27.78(m)

(2)**条形基础**,按墙体长度乘以设计断面面积,以体积计算。基础长度,内墙,按内**墙净长线计算**。

内墙墙体长度:6.00-0.12×2=5.76(m)
墙体长度合计:27.78+5.76=33.54(m)
砖条形基础合计:[0.365×0.12+0.24×(2.20-0.20-0.12-0.45)]×33.54=12.98(m³)
结施 2 中 TJ-1 大样图砖基础根部高 120 的砖基础,虽然图示宽度为 240+60×2=360(mm),但其计算宽度应为 365mm。

6. 现浇混凝土柱(设计室外地坪以下):

柱按图示断面尺寸乘以柱高,以体积计算。
0.45×0.45×(2.50-0.30-0.30-0.45)×4=1.17(m³)

7. 槽坑回填土方:

槽坑回填,按挖方体积减去设计室外地坪以下建筑物、基础(含垫层)的体积计算。

土方回填，按回填后的竣工体积计算。
挖槽坑土方合计：104.15+151.83=255.98（m³）
机械槽坑夯填：255.98-（4.69+13.22+12.98+1.17）=223.92（m³）
土石方开挖、运输，均按开挖前的天然密实体积计算。
自卸汽车运土方 1km 以内：223.92×1.15=257.51（m³）
挖掘机装车：257.51（m³）
买土进场：（255.98-257.51）×1.3=-1.99（m³）
基础工程分部分项工程工程量表，如表 2-3 所示。

基础工程分部分项工程工程量表　　　　　　　　　　　表 2-3

工程名称：【例 2-1-1】　　　　　　　　　　标段：　　　　　　　　共　页第　页

序号	定额编号	分项工程名称	单位	工程量	换算说明
1	1-2-45H	挖掘机挖装沟槽土方 普通土	10m³	10.415	子目 ×0.9
	1-2-6H	人工清底	10m³	10.415	子目 ×0.125
	1-2-58	自卸汽车运土方 1km 以内	10m³	10.415	
2	1-2-45H	挖掘机挖装地坑土方 普通土	10m³	15.183	子目 ×0.85
	1-2-11H	人工清底	10m³	15.183	子目 ×0.188
	1-2-58	自卸汽车运土方 运距≤1km	10m³	15.183	
7	1-4-13	机械夯填槽坑	10m³	22.392	
	1-2-53	挖掘机装车	10m³	25.751	
	1-2-58	自卸汽车运土方 运距≤1km	10m³	25.751	
	材料	买土进场	m³	1.99	黏土除税单价 20.83 元
3	2-1-28H	C20 无筋混凝土垫层 条形基础	10m³	0.202	人机 ×1.05，原 C15，石＜40
	2-1-28H	C20 无筋混凝土垫层 独立基础	10m³	0.267	人机 ×1.10，原 C15，石＜40
4	5-1-4	C30 混凝土带形基础	10m³	0.333	
	5-1-6	C30 混凝土独立基础	10m³	0.989	
		建筑分部分项工程小计			
3	5-3-14	泵送垫层混凝土 泵车	10m³	0.474	
4	5-3-10	泵送基础混凝土 泵车	10m³	1.335	
		单价措施项目小计			

注：工程量计算序号 5、6，因工程量不完整，另在【例 2-1-2】计算，本表不列入。

【例 2-1-2】根据本工程"结施 -2"基础平面布置图，计算③、⑤、C、D 轴所围范围内砖基础的定额工程量，并依据建施 -4 二层平面布置图，计算二层外墙、内墙砌筑、门窗、过梁、构造柱、压顶的定额工程量。

已知马牙槎每边出槎长度为 60mm。

成品木门扇安装参照省标图集 L13J4-1 做法，门框裁口 10mm，门扇扫地缝 5mm，门框框外间隙 15mm。

本题增加说明：脚手架、现浇混凝土钢筋、模板、泵送混凝土等，不计算。

 1. M7.5 水泥砂浆砖条形基础：

砌筑界线划分：基础与墙体，以设计室内地坪为界。以下为基础，以上为墙体。

上述砌筑界线的划分，系指分界线 ±300mm 以内基础与墙（柱）为同一种材料（或同一种砌筑工艺）的情况。

若基础与墙（柱）使用不同材料，且（不同材料的）分界线位于设计室内地坪 ≤ ±300mm 时，300mm 以内部分并入相应墙（柱）工程量内计算。

本工程基础与墙体的分界位于 −0.18m 处（TJ-1 中 JQL1 下坪）。分界线处于室内地坪标高处的说法，不正确。

标准砖砌体计算厚度，按表 2-4 计算。

标准砖砌体计算厚度　　　　　　　　　　表 2-4

墙厚（砖数）	1/4	1/2	3/4	1	1.5	2	2.5
计算厚度（mm）	53	115	180	240	365	490	615
设计厚度（mm）	60	120	180	240	370	490	620

结施 2 TJ-1 大样图砖基础根部高 120 的砖基础，虽然图示宽度为 240+60×2=360（mm），但其实际施工宽度应为 365mm，如图 2-7 所示。因此，其计算宽度应按上表为 365mm，不应为 360mm 或 370mm。

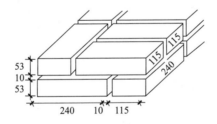

图 2-7　砖基础大样示意图

柱间条形基础，按柱间墙体的设计净长度乘以设计断面面积，以体积计算。
柱间墙体长度：(9.00+6.00)×2−0.33×4−0.225×4=27.78（m）
条形基础，按墙体长度乘以设计断面面积，以体积计算。
基础长度，内墙，按内墙净长线计算。
内墙墙体长度：6.00−0.12×2=5.76（m）
墙体长度合计：27.78+5.76=33.54（m）
砖条形基础合计：(0.365×0.12+0.24×1.70)×33.54=15.15（m³）
毛砂过筛，按砌筑砂浆、抹灰砂浆等各种砂浆用砂的定额消耗量之和计算。
二层门窗：1.015×2.3985/10×15.15=3.69（m³）

2. 二层门窗：
（1）外墙铝合金平开窗

各类门窗安装工程量，除注明者外，均按图示门窗洞口面积计算。
150×1.50×2+1.80×1.50×2+2.40×1.50×2+2.70×1.50×4=33.30（m²）
　（C5）　　　（C6）　　　（C7）　　　（C8）

（2）内墙木门M3：

洞口面积：1.00×2.10×7=14.70（m²）

木门框，按设计框外围尺寸，以长度计算。

成品木门框长度：[1.00+（2.10+0.02）×2]×7=36.68（m）

其中，0.02m为无下槛木门框下端的埋地高度。

普通成品门等安装工程量，均按扇外围面积计算。

省标L13J4-1常用门窗图集中，木门的主要节点详图，如图2-8所示。

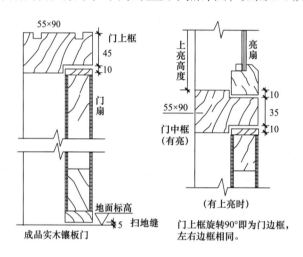

图2-8　木门节点示意图

按扇外围面积计算，必须具备门窗详图。实际工程中的门窗，设计一般使用门窗标准图集，因此，应从设计使用的门窗标准图集中获得门窗详图。

门窗的构造尺寸，应考虑预留洞口与待安装门窗框的缝隙及墙体饰面材料的厚度。一般情况下，建筑工程预算可按洞口与门窗框缝隙的下限计算，如表2-5所示。

洞口与门窗框缝隙　　　　　　　　　　　　　　　表2-5

墙体饰面材料	洞口与门窗框缝隙（mm）	墙体饰面材料	洞口与门窗框缝隙（mm）
附框	10	陶瓷锦砖	15～20
清水墙	10	釉面瓷砖	20～25
水泥砂浆	15～20	石材	40～50
—	—	外墙外保温	保温层厚+10

根据门窗详图，无上亮木门的成品扇外围面积，应按下式计算：

成品扇外围面积=（洞口宽度-缝隙宽度×2-门框厚度×2）×（洞口高度-缝隙厚度-

门框厚度－扫地缝)=(1.00-0.015×2-0.045×2)×(2.10-0.015-0.045-0.005)×7=12.54(m²)

3. 二层C25过梁：

梁按图示断面尺寸乘以梁长，以体积计算。

圈梁与构造柱连接时，圈梁长度算至构造柱侧面。构造柱有马牙槎时，圈梁长度算至构造柱主断面的侧面。

外墙窗过梁：(1.965×2+2.28×2)×0.24×0.15+(2.88×2+3.18×4)×0.24×0.18=1.10(m³)
　　　　　　　(C5)　(C6)　　　　　　　　(C7)　(C8)

内墙门过梁：(1.24+1.45+1.34×5)×0.20×0.12=0.23(m³)
　　　　　　(浴)(值)　(办)

二层过梁合计：1.10+0.23=1.33(m³)

4. 二层C25构造柱：

柱按图示断面尺寸乘以柱高，以体积计算。

构造柱按设计高度计算。构造柱与墙嵌接部分（马牙槎）的体积，按构造柱出槎长度的一半（有槎与无槎的平均值）乘以出槎宽度，再乘以构造柱柱高，并入构造柱体积内计算，如图2-9所示。

外墙构造柱：(0.24×0.20+0.03×0.20+0.03×0.24×2)
　　　　　×[(7.80-4.37-0.50)×2+(7.80-4.37-0.70)×4]=1.14(m³)
　　　　　　　(2A,2D)　　　　　(1B,4A,4D,5B)

内墙构造柱：(0.20×0.20+0.03×0.20×2)×(7.80-4.37-0.50)=0.15(m³)
　　　　　　　　　　　　　　　　　(2、C轴交点)

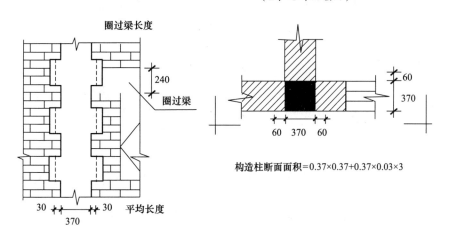

图2-9 构造柱示意图

T形构造柱：(0.20×0.20+0.03×0.20×3)×[(7.80-4.37-0.50)+(7.80-4.37-0.70)
　　　　　×3]=0.64(m³)
　　　　　　　　　　　　　　　(2B)　　　　(3B,4B,4C)

内墙构造柱小计：0.15+0.64=0.79(m³)

二层构造柱合计：1.14+0.79=1.93(m³)

5. 二层外墙窗台 C25 压顶：

外墙窗台压顶：(0.24+0.18)×0.15×(1.965×2+2.28×2+2.88×2+3.18×4)=1.70（m³）
（C5）（C6）（C7）（C8）

压顶占外墙体积：0.24×0.15×(1.965×2+2.28×2+2.88×2+3.18×4)=0.97（m³）

6. M5.0 混合砂浆加气混凝土砌块墙：

墙体，按设计图示尺寸，以体积计算。

墙长度：外墙按（外墙）中心线、内墙按（内墙）净长计算。框架间墙：不分内外墙，按（柱间）墙体净尺寸，以体积计算。

计算墙体工程量时，应扣除门窗、洞口、嵌入墙内的钢筋混凝土柱、梁、圈梁、挑梁、过梁所占体积。

在计算砌块墙体积时，原教材使用了两种不同的计算方法：计算外墙砌块墙体积时，墙高先算至二层梁顶，然后扣除框架梁体积；计算内墙砌块墙体积时，墙高直接算至二层梁底。由于原教材内墙砌块墙体积计算有误，为校正错误，以下计算将对外墙和内墙同时使用两种不同的计算方法。

（1）墙高先算至二层梁顶，然后扣除框架梁体积

1）240 外墙面积（原教材计算方法）

[(15.60+14.40)×2-0.33×2×4-0.45×4]×(7.80-4.37)=190.57（m²）

2）240 外墙框架梁（占墙）

A、D 轴：[(9.00-0.33-0.225)×0.70×0.24+(6.60-0.33-0.225)×0.50×0.24]×2=4.29（m³）

①、⑤轴：[(8.40-0.33-0.225)×0.70×0.24+(6.00-0.33-0.225)×0.50×0.24]×2=3.94（m³）

240 外墙框架梁（占墙）小计：4.29+3.94=8.23（m³）

3）200 内墙面积：

B 轴：(15.60-0.24)×(7.80-4.37)=52.68（m²）

C 轴：(9.00-0.33-0.225+3.00-0.33+0.10)×(7.80-4.37)=38.47（m²）

③轴：(6.00-0.33-0.10+6.00-0.33-0.225)×(7.80-4.37)=37.78（m²）

②、④轴：(6.00-0.12-0.10)×(7.80-4.37)×4=79.30（m²）

浴室内：(3.00-1.00-0.12)×(7.80-4.37)=6.45（m²）

200 内墙面积合计：52.68+38.47+37.78+79.30+6.45=214.68（m²）

4）200 内墙梁（占墙）：

B 轴：(9.00-0.12+0.12)×0.70×0.20+(6.60-0.12-0.12)×0.50×0.20=1.90（m³）

C 轴：(9.00-0.33-0.225)×0.70×0.20+(3.00-0.33+0.10)×0.50×0.20=1.46（m³）

③轴：(6.00-0.33-0.10)×0.70×0.20+(6.00-0.33-0.225)×0.50×0.20=1.32（m³）

②轴：[(6.00-0.12-0.10)×0.45-0.02×0.05]×0.20×2=1.04（m³）

④轴：[(6.00-0.12-0.10)×0.45-0.02×0.25]×0.20×2=1.04（m³）

浴室内：(3.00-1.00-0.12)×0.12（顶板厚）×0.20=0.05（m³）

200 内墙梁（占墙）小计：1.90+1.46+1.32+1.04+1.04+0.05=6.81（m³）

加气混凝土砌块墙合计：墙高先算至二层梁顶，然后扣除框架梁体积，如表 2-6 所示。

加气混凝土砌块墙　　　　　　　　表 2-6

墙别	毛面积	扣门窗	净面积	扣梁	净体积	过梁	构造柱	压顶	合计
	m²			m³					
200 内墙	214.68	14.70	199.98	6.81	33.19	0.23	0.79	—	32.17
240 外墙	190.57	33.30	157.27	8.23	29.51	1.10	1.14	0.97	26.30
合计						1.33	1.93	1.70	58.47

（2）墙高直接算至二层梁底：

1）240 外墙面积：

A、D 轴：[（9.00−0.33−0.225）×（7.80−4.37−0.70）+（6.60−0.33−0.225）×（7.80−4.37−0.50）]×2=81.53（m²）

①、⑤轴：[（8.40−0.33−0.225）×（7.80−4.37−0.70）+（6.00−0.33−0.225）×（7.80−4.37−0.50）]×2=74.74（m²）

240 外墙面积合计：74.74+81.53=156.27（m²）

2）200 内墙面积（原教材计算方法，如图 2-10 所示）：

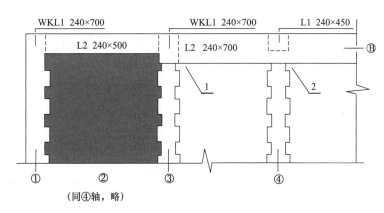

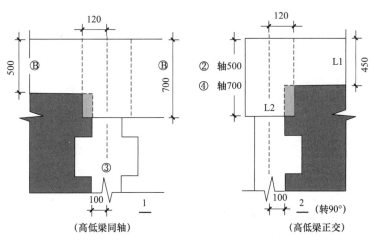

图 2-10　原教材计算方法示意图

B轴与③轴交点，1处：0.02×0.20×1=0.004（m²）
②轴与C轴交点，与B轴交点，2处：0.02×0.05×2=0.002（m²）
④轴与C轴交点，与B轴交点，2处：0.02×0.25×2=0.010（m²）
B轴：(9.00−0.12+0.12)×(7.80−4.37−0.70)+(6.60−0.12−0.12)×(7.80−4.37−0.50)=43.20（m²）
C轴：(9.00−0.33−0.225)×(7.80−4.37−0.70)+(3.00−0.33+0.10)×(7.80−4.37−0.50)=31.17（m²）
③轴：(6.00−0.33−0.10)×(7.80−4.37−0.70)+(6.00−0.33−0.225)×(7.80−4.37−0.50)=31.16（m²）
②轴：[(6.00−0.12−0.10)×(7.80−4.37−0.45)−0.02×0.05]×2=34.45（m²）
④轴：[(6.00−0.12−0.10)×(7.80−4.37−0.45)−0.02×0.25]×2=34.44（m²）
浴室内：(3.00−1.00−0.12)×(7.80−4.37−0.12)（现浇板厚120）=6.22（m²）
200内墙面积合计：43.20+31.17+31.16+34.45+34.44+6.22=180.64（m²）
加气混凝土砌块墙合计：墙高直接算至二层梁底，如表2-7所示。

加气混凝土砌块墙　　　　　　　表2-7

墙别	毛面积	扣门窗	净面积	扣梁	净体积	过梁	构造柱	压顶	合计
	m²				m³				
200内墙	180.64	14.70	165.94	—	33.19	0.23	0.79	—	32.17
240外墙	156.27	33.30	122.97	—	29.51	1.10	1.14	0.97	26.30
合计						1.33	1.93	1.70	58.47

（3）毛砂过筛按砌筑砂浆、抹灰砂浆等各种砂浆用砂的定额消耗量之和计算

由上，毛砂过筛：1.015×1.019/10×58.47=6.05（m³）

二次结构工程分部分项工程工程量表，如表2-8所示。

二次结构分部分项工程工程量表　　　　　　　表2-8

工程名称：【例2-1-2】　　　　　　　　　标段：　　　　　　共 页第 页

序号	定额编号	分项工程名称	单位	工程量	换算说明
1	4-1-1H	M7.5水泥砂浆砖基础	10m³	1.515	原M5.0水泥砂浆
	1-4-6	毛砂过筛	10m³	0.369	
2	8-7-2	铝合金平开窗	10m²	3.330	
	8-1-2	成品木门框安装	10m	3.668	
	8-1-3	成品木门扇安装	10m²	1.254	
3	5-1-22H	C25现浇混凝土过梁	10m³	0.133	原C20，石<20
4	5-1-17H	C25现浇混凝土构造柱	10m³	0.193	原C20，石<31.5
5	5-1-21H	C25现浇混凝土压顶	10m³	0.170	原C20，石<20
6	4-2-1	M5.0混合砂浆加气混凝土砌块墙	10m³	5.847	
	1-4-6	毛砂过筛	10m³	0.605	
		建筑分部分项工程小计			

【例2-1-3】本工程柱、梁、板混凝土均采用商品混凝土，汽车泵泵送方式浇筑，计算"结施3"一层柱平面布置图和"结施5"一层楼面梁图示范围内的柱、梁、板的定额工程量。

构造柱的计算方法与［例2-1-2］相同，本例中不再计算。

本题增加说明：脚手架、现浇混凝土钢筋、模板等，不计算。

 1. 一层C30柱：

现浇混凝土柱与基础的划分，以基础扩大面的顶面为分界线，以下为基础，以上为柱。

柱按图示断面尺寸乘以柱高，以体积计算。

柱高按下列规定确定：

（1）框架柱的柱高，自柱基上表面至柱顶高度计算。

（2）板的柱高，自柱基上表面（或楼板上表面）至上一层楼板上表面之间的高度计算。

KZ1、KZ2：$0.45 \times 0.45 \times (2.50-0.60+4.37) \times (5+4) = 11.43$（m³）

LTZ1：$0.20 \times 0.40 \times 2.20 \times 3 = 0.53$（m³）

一层柱合计：$11.43 + 0.53 = 11.96$（m³）

2. 一层C30有梁板：

有梁板体系和框架梁体系只存在于框架结构中，是应用于工程造价中的专用名词，与结构设计中的名词定义有所不同。

当框架梁上只设计有板时，此梁板结构体系称为框架梁体系，框架梁执行单梁子目（03定额）或框架梁子目（16定额），板执行平板子目；当框架梁上设计有次梁和现浇板时，框架梁、次梁、板合称为有梁板体系，合并工程量执行有梁板相关子目，此时所有梁称为板下梁，不计取板下梁脚手架。

在判断梁板结构时，应全面分析建筑物的梁板布局，以占比重较大的结构体系为主来确定梁板体系，不以单独某跨、某轴进行判断（调整汇编2021年）。

有梁板，包括主、次梁及板，工程量按梁、板体积之和计算。

（1）一层梁（有梁板）：

梁按图示断面尺寸乘以梁长，以体积计算。

梁长及梁高按下列规定确定：

① 梁与柱连接（相交）时，梁长算至柱侧面。

② 主梁与次梁连接（相交）时，次梁长算至主梁侧面。

KL1：$[(8.40-0.33-0.225) \times (0.77-0.10) + (6-0.33-0.225) \times (0.50-0.10)] \times 0.24 \times 3 = 5.353$（m³）

KL2：$[(9.00-0.33-0.225) \times (0.77-0.10) + (6.60-0.33-0.225) \times (0.50-0.10)] \times 0.24 \times 3 = 5.815$（m³）

L1：$(6.00-0.12-0.12) \times (0.45-0.10) \times 0.24 \times 3 = 1.452$（m³）

L2：$(6.00-0.12-0.12) \times (0.45-0.10) \times 0.24 = 0.484$（m³）

L3：$[(9.00-0.12-0.12) \times (0.77-0.10) + (6.60-0.12-0.12) \times (0.50-0.10)] \times 0.24 = 2.019$（m³）

L4：$(3.00-0.12-0.12) \times (0.35-0.10) \times 0.24 = 0.166$（m³）

混凝土楼梯与楼板，以楼梯顶部与楼板的连接梁为界，连接梁以外为楼板，如图 2-11 所示。

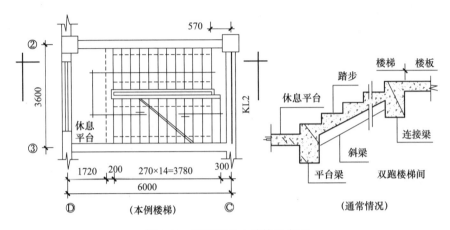

图 2-11 楼梯混凝土计算示意图

若 C 轴上②～③轴间 KL2 计算为梁，则未来楼梯 3.40×5.76（m²）将难以直接套用定额直形楼梯子目，且没有换算依据。若将 C 轴上②～③轴间 KL2 不计算为梁，视为楼梯与楼板的连接梁，则未来楼梯 3.40×6.00（m²）将可以近似地套用定额直形楼梯子目。

扣除 C 轴上②～③轴间 KL2：−(3.60−0.12−0.225)×(0.50−0.10)×0.24=−0.312（m³）

一层梁（有梁板）小计：5.353+5.815+1.452+0.484+2.019+0.166−0.312 =14.977（m³）

（2）一层板（有梁板）：

板，按图示面积乘以板厚，以体积计算。

板与柱相交时，柱的高度算至板上坪；板的宽度按板边缘之间的宽度计算，不扣除柱、垛所占板的面积。

[(15.60+0.12×2)×(14.40+0.12×2)−(3.60−0.12×2)×6.00]×0.10=21.174（m³）

一层有梁板合计：14.977 + 21.174=36.15（m³）

3. 泵送柱梁板混凝土：

混凝土泵送子目，按各混凝土构件的混凝土消耗量之和，以体积计算。

由上，汽车泵泵送柱梁板混凝土：(9.8691×11.96+10.1×36.15)/10=48.31（m³）

混凝土工程分部分项工程工程量表，如表 2-9 所示。

混凝土工程分部分项工程工程量表　　　　　　表 2-9

工程名称：【例 2-1-3】　　　　　　标段：　　　　　共　页第　页

序号	定额编号	分项工程名称	单位	工程量	换算说明
1	5-1-14	C30 混凝土柱	10m³	1.196	
2	5-1-31	C30 混凝土有梁板	10m³	3.615	
		建筑分部分项工程小计			
3	5-3-12	泵送柱梁板混凝土泵车	10m³	4.831	
		单价措施项目小计			

【例2-1-4】根据图纸中屋面构造做法，计算附图中屋面保温层、防水层、找平层等的定额工程量。

本题增加说明：泵送混凝土等，不计算。

解 屋面做法（建施-10，大样图一）：20厚M15水泥砂浆抹平压光，1×1（m）分格，缝宽20，密封胶嵌缝；4厚SBS改性沥青防水卷材两道（翻墙300）；40厚C20细石混凝土找平层；100厚挤塑聚苯板保温，100厚岩棉隔离带；20厚1：2.5水泥砂浆找平；最薄处30厚，1：10水泥珍珠岩找坡2%；楼板。

1. 1：10水泥珍珠岩找坡：

屋面保温隔热层工程量，按设计图示尺寸，以面积计算，扣除面积＞0.3m²孔洞及占位面积。

保温隔热层工程量，除按设计图示尺寸和不同厚度以面积计算外，其他按设计图示尺寸以定额项目规定的计量单位计算。

天沟部位30厚：（15.84-0.24）×2×0.40×0.03=0.374（m³）

找坡平均厚度：（14.64-0.24-0.40×2）÷2×2%÷2+0.03=0.098（m）

找坡体积：[（14.64-0.24-0.40×2）×（15.84-0.24）-0.96×0.96]×0.098=20.701（m³）

找坡层合计：0.374+20.701=21.08（m³）

2. 挤塑聚苯板保温100厚：

（15.84-0.24-0.50×2）×（14.64-0.24-0.50×2）-0.96×0.96=194.72（m²）

岩棉隔离带100厚：（15.84-0.24-0.25×2+14.64-0.24-0.25×2）×2×0.50=29.00（m²）

3. 40厚C20细石混凝土找平层：

屋面防水，按设计图示尺寸，以面积计算，不扣除房上烟囱、风帽底座、风道、屋面小气窗等所占面积，（不扣除部位的）上翻部分也不另计算。

（15.84-0.24）×（14.64-0.24）=224.64（m²）

4. M15水泥砂浆压光20厚：

（15.84-0.24）×（14.64-0.24）=224.64（m²）

屋面分格缝，按设计图示尺寸，以长度计算。

水泥砂浆面层分格缝20厚：（16÷1-1）×（14.64-0.24）+（15÷1-1）×（15.84-0.24）=434.40（m）

C20细石混凝土找平和M15水泥砂浆压光，属于定额第九章防水工程中的刚性防水，应使用屋面防水的规则计算工程量，套用刚性防水的定额子目。使用定额第十一章楼地面找平层的规则计算工程量，不正确。

5. 1：2.5水泥砂浆找平20厚：

具有特殊功能的防水层（含其下的找平层）、保温层（含其上的保护层、抗裂层），属于建筑工程；防水层、保温层以外的其他层次属于装饰工程（调整汇编2021年）。

楼地面找平层，按设计图示尺寸，以面积计算。计算时应扣除凸出地面构筑物、设备基础、室内铁道、室内地沟等所占面积，不扣除间壁墙及≤0.3m²的柱、垛、附墙烟囱及孔洞所占面积，门洞、空圈、暖气包槽、壁龛的开口部分亦不增加。

（15.84−0.24）×（14.64−0.24）−0.96×0.96+（15.84−0.24+14.64−0.24）×2×0.30=241.72（m²）

6. SBS 改性沥青防水：

（1）SBS 改性沥青防水满铺两道：

平面与立面交接处，上翻高度≤300mm 时，按展开面积并入平面工程量内计算；上翻高度＞300mm 时，按立面防水层计算。

屋面防水，按设计图示尺寸，以面积计算，不扣除房上烟囱、风帽底座、风道、屋面小气窗等所占面积，（不扣除部位的）上翻部分也不另计算。屋面的女儿墙、伸缩缝和天窗等处的弯起部分，按设计图示尺寸计算；设计无规定时，伸缩缝、女儿墙、天窗的弯起部分按 500mm 计算，计入立面工程量内。

（15.84−0.24）×（14.64−0.24）+（15.84−0.24+14.64−0.24）×2×0.30=242.64（m²）

（2）防水附加层两道，如图 2-12 所示：

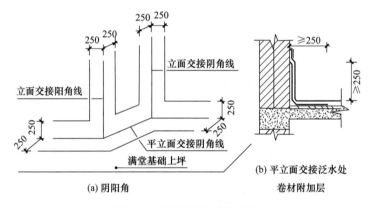

图 2-12　防水附加层示意图

卷材防水附加层，按实际铺贴尺寸，以面积计算。

卷材防水附加层，套用卷材防水相应项目（基本层或"一层"子目），人工乘以系数 1.82。

女儿墙内侧竖向：（15.84−0.24+14.64−0.24）×2×0.3=18.00（m²）

水平：（15.84−0.24+14.64−0.24−0.125×4）×2×0.25=14.75（m²）

上人口四周竖向：0.96×4×0.3=1.15（m²）

水平：（0.96+0.125×2）×4×0.25=1.21（m²）

防水附加层合计：18.00+14.75+1.15+1.21=35.11（m²）

屋面工程分部分项工程工程量表，如表 2-10 所示。

屋面工程分部分项工程工程量表　　表 2-10

工程名称：【例 2-1-4】　　　　　　　　　　　标段：　　　　　共　页第　页

序号	定额编号	分项工程名称	单位	工程量	换算说明
1	10-1-11	水泥珍珠岩 1∶10 混凝土板上	10m³	2.108	
2	10-1-16	干铺聚苯保温板厚 100 混凝土板上	10m²	19.472	

续表

序号	定额编号	分项工程名称	单位	工程量	换算说明
2	10-1-16H	岩棉隔离带厚100 混凝土板上	10m²	2.90	原为聚苯板
3	9-2-65	C20 细石混凝土厚40（商品混凝土）	10m²	22.464	
4	9-2-67H	M15 水泥砂浆二次抹压厚20	10m²	22.464	原为水泥砂浆1:2
	9-2-78	分隔缝 水泥砂浆面层厚25	10m	43.44	
	9-2-79H	分格缝 每增减10	10m	−43.44	子目×0.50
5	11-1-2H	1:2.5 水泥砂浆找平20 厚 在填充材料上	10m²	24.172	装饰人工换为建筑原为水泥砂浆1:3
6	9-2-10	改性沥青卷材热熔法 一层 平面	10m²	24.264	
	9-2-12	改性沥青卷材热熔法 每增一层 平面	10m²	24.264	
	9-2-10H	改性沥青卷材热熔法 一层 平面 附加层	10m²	3.511	人工×1.82
	9-2-12H	改性沥青卷材热熔法 每增一层 平面 附加层	10m²	3.511	人工×1.82
		建筑分部分项工程小计			

注：表中10-1-16、9-2-67H、11-1-2H 子目换算，详见【例2-2-4】。

【例2-1-5】 根据本工程外墙保温做法，计算首层外墙保温层的定额工程量。

外墙保温做法（建施-10，大样图二、三）：

50厚挤塑聚苯板保温层（胶粘剂满粘）；30厚胶粉聚苯颗粒保温砂浆找平层，20厚玻化微珠保温砂浆；6厚抗裂砂浆，耐碱玻璃纤维网布一层，如图2-13所示。

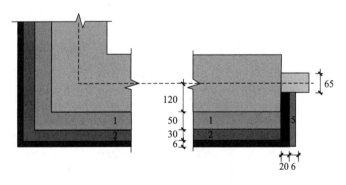

图2-13 外墙保温做法示意图

1. 50厚挤塑聚苯板保温层（图2-13中标注1）：

立面保温隔热层工程量，按设计图示尺寸，以面积计算，其中外墙按保温隔热层中心线长度、内墙按保温隔热层净长度乘以设计高度，以面积计算。扣除门窗洞口及面积>0.3m² 梁、孔洞所占面积；门窗洞口侧壁以及与墙相连的柱，并入保温墙体工程量内。

（1）外围面积：[（14.64+15.84）×2+0.025×8]×（4.50+0.40）=299.684（m²）

（2）扣门窗洞口面积：2.70×3.60+1.50×2.70+1.80×2.70×2+2.40×2.70×2.70×4=59.13（m²）

（M1）　（C1）　　（C2）　　（C3）　　（C4）

(3)扣室外台阶面积:(3.90+0.30)×(0.40-0.015)=1.617(m²)

挤塑聚苯板保温层合计:299.684-59.13-1.617=238.94(m²)

2. 30厚胶粉聚苯颗粒保温砂浆找平层(图2-13中标注2):

保温层(板材)外的保护层(含找平层或保温砂浆层、抗裂层),按其所处部位(楼地面、墙柱面、天棚面)的设计图示尺寸,以面积计算(调整汇编2021年)。

(1)外围面积:[(14.64+15.84)×2+0.08×8]×(4.50+0.42)=303.07(m²)

(2)扣门窗洞口面积:面积同1=59.13(m²)

(3)扣室外台阶面积:(3.90+0.30)×(0.42-0.015)=1.701(m²)

胶粉聚苯颗粒保温砂浆找平层合计:303.07-59.13-1.701≈242.24(m²)

3. 6厚抗裂砂浆,耐碱玻璃纤维网布一层(图2-13中标注3):

(1)外围面积:[(14.64+15.84)×2+0.086×8]×(4.50+0.42)=303.31(m²)

(2)扣门窗洞口面积(部位同1):2.648×3.574+1.448×2.648+1.748×2.648×2+2.348×2.648+2.648×2.648×4=56.82(m²)

(3)扣室外台阶面积:面积同2=1.701(m²)

抗裂砂浆合计:303.31-56.82-1.701≈244.79(m²)

4. 20厚玻化微珠保温砂浆(图2-13中柱注中4):

外墙门窗洞口周长:2.66+3.58×2+(1.46+2.66)×2+(1.76+2.66)×2×2+(2.36+2.66)×2+2.66×4×4=88.34(m)

保温砂浆的宽度:0.12-0.065÷2+0.05+0.03=0.1675(m)

玻化微珠保温砂浆合计:88.34×0.1675=14.80(m²)

5. 6厚抗裂砂浆,耐碱玻璃纤维网格布一层(图2-13中标注5):

外墙门窗洞口周长:88.34-0.006×68=87.93(m)

抗裂砂浆的宽度:0.12-0.065÷2+0.05+0.03+0.006=0.1735(m)

抗裂砂浆合计:87.93×0.1735=15.26(m²)

外墙保温工程分部分项工程工程量表,如表2-11所示。

外墙保温工程分部分项工程工程量表 表2-11

工程名称:【例2-1-5】 标段: 共 页第 页

序号	定额编号	分项工程名称	单位	工程量	换算说明
1	10-1-47	立面 胶粘剂粘贴聚苯保温板 满粘	10m²	23.894	
2	10-1-65	立面 胶粉聚苯颗粒找平层 保温层上 厚度15mm	10m²	24.224	
	10-1-66	立面 胶粉聚苯颗粒找平层 保温层上 厚度每增减5mm	10m²	24.224	子目×3
3	10-1-68	抗裂砂浆厚度≤10mm 墙面	10m²	24.479	
	10-1-73	墙面耐碱纤维网格布一层	10m²	24.479	
4	10-1-57	立面 膨胀玻化微珠保温砂浆/厚度25mm	10m²	1.48	
	10-1-58	立面 膨胀玻化微珠保温砂浆/厚度每增减5mm	10m²	1.48	子目×(-1)
5	10-1-68	抗裂砂浆 厚度≤10mm 墙面	10m²	1.526	

续表

序号	定额编号	分项工程名称	单位	工程量	换算说明
5	10-1-73	墙面耐碱纤维网格布一层布	10m²	1.526	
		建筑分部分项工程小计			

【例2-1-6】根据"建施-2"中的做法表，计算本工程首层卫生间（含卫生间前室）、会议室及整个外墙面（含女儿墙顶及内侧）的装饰定额工程量。

本题增加说明：块料面层地面，不考虑房间形状和块料排板问题。

地面钢筋网片、装饰脚手架，不计算。

 一、会议室：

1. 会议室地面（地面一）：

8-10厚防滑地砖（800×800全瓷瓷砖）铺实拍平，稀水泥浆擦缝；20厚1:3干硬性水泥砂浆粘结层；素水泥浆一道；最薄处50厚C20细石混凝土随打随抹平（钢筋及以下层次不计算）。

（1）800×800全瓷地砖（含20厚结合层，素水泥浆）：

楼、地面块料面层，按设计图示尺寸，以面积计算。门洞、空圈、暖气包槽和壁龛的开口部分并入相应工程量内。

（9.00-0.12-0.10）×（6.00-0.12-0.10）-（0.21×0.21+0.125×0.21）（柱）+1.50×0.10（门洞口）=50.83（m²）

（2）50厚C20细石混凝土随打随抹（无素水泥浆）：

楼地面找平层，按设计图示尺寸，以面积计算。计算时应扣除突出地面构筑物、设备基础、室内铁道、室内地沟等所占面积，不扣除间壁墙及≤0.3m²的柱、垛、附墙烟囱及孔洞所占面积，门洞、空圈、暖气包槽、壁龛的开口部分亦不增加（间壁墙指墙厚≤120mm的墙）。

（9.00-0.12-0.10）×（6.00-0.12-0.10）=50.75（m²）

2. 会议室踢脚板（踢脚）：

5厚全瓷瓷砖，长800，高150；3厚1:1水泥砂浆加水重20%建筑胶；素水泥浆一道；6厚1:2水泥砂浆；7厚1:3水泥砂浆；2厚配套专用界面砂浆批刮。

（1）全瓷瓷砖踢脚（含16厚水泥砂浆，素水泥浆）：

踢脚板，按设计图示尺寸，以面积计算。

[（9.00-0.12-0.10+6.00-0.10-0.12）×2-1.50+（0.20-0.09）÷2×2]×0.15=4.16（m²）

（2）界面剂：

基层处理工程量，按其面层的工程量计算。

界面剂 = 瓷砖踢脚 = 4.16（m²）

3. 会议室内墙面（内墙二）：

饰面白色仿瓷涂料两遍；6厚1:0.5:3水泥石灰砂浆压实抹平；7厚1:1:6水泥石灰砂浆；2厚配套专用界面砂浆批刮。

（1）内墙面抹灰：

内墙抹灰，按设计图示尺寸，以面积计算。计算时应扣除门窗洞口和空圈所占的面积，不扣除踢脚板（线）、挂镜线、单个面积≤0.3m²的孔洞以及墙与构件交接处的面积，洞侧壁和顶面不增加面积。墙垛和附墙烟囱侧壁面积与内墙抹灰工程量合并计算。

内墙面抹灰的长度，以主墙间的图示净长尺寸计算。其高度确定如下：无墙裙的，其高度按室内地面或楼面至天棚底面之间距离计算。

当梁下有墙时，梁侧面抹灰合并计算入墙体抹灰中，即墙体抹灰算至天棚底，天棚抹灰为主墙间净面积（如墙厚小于梁宽时，梁底抹灰并入墙面抹灰工程量中），如图2-14所示（调整汇编2021年）。

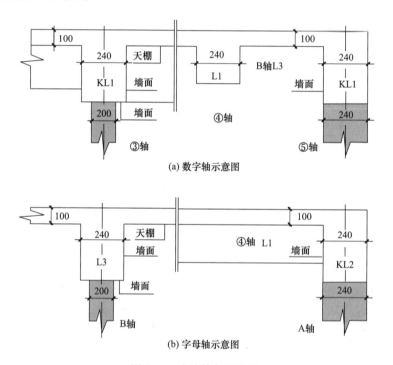

图2-14　内墙抹灰示意图

（9.00-0.12-0.10+6.00-0.12-0.10）×2×（4.37-0.10）+（9.00-0.12-0.12+6.00-0.12-0.10）×0.02（B轴、③轴内侧梁底）-（1.50×2.10+2.70×2.70×2）（门窗洞口）=106.90（m²）

（2）界面剂：

基层处理工程量，按其面层的工程量计算。

界面剂 = 内墙面抹灰 =106.90（m²）

（3）白色仿瓷涂料：

楼地面，天棚面，墙、柱面的喷（刷）涂料、油漆工程，其工程量按各自抹灰的工程量计算规则计算。

白色仿瓷涂料 = 内墙面抹灰 =106.90（m²）

4．会议室天棚（顶棚二）：

2厚成品腻子两遍分遍刮平；饰面白色仿瓷涂料两遍。

（1）仿瓷涂料两遍：

天棚抹灰，按设计图示尺寸以面积计算，不扣除柱、垛、间壁墙、附墙烟囱、检查口和管道所占的面积。

当梁下无墙时，梁底、梁侧的三面抹灰都合并至天棚抹灰中计算（调整汇编2021年）。

楼地面，天棚面，墙、柱面的喷（刷）涂料、油漆工程，其工程量按各自抹灰的工程量计算规则计算。

（9.00-0.12-0.12）×（6.00-0.12-0.12）（未扣④轴梁宽）+（0.45-0.10）×2×（6.00-0.12-0.12）（④轴梁侧）=54.49（m²）

（2）成品腻子两遍：

基层处理工程量，按其面层的工程量计算。

成品腻子两遍 = 仿瓷涂料两遍 =54.49（m²）

二、卫生间：

1．卫生间地面（地面二）：

8～10厚防滑地砖（800×800全瓷瓷砖）铺实拍平，稀水泥浆擦缝；20厚1∶3干硬性水泥砂浆粘结层；1.5厚聚氨酯防水涂料；（本例题不计算）最薄处50厚C20细石混凝土随打随抹平（以下层次不计算）。

（1）800×800全瓷瓷砖（含20厚结合层，无素水泥浆）：

楼、地面块料面层，按设计图示尺寸，以面积计算。门洞、空圈、暖气包槽和壁龛的开口部分并入相应工程量内。

（1.90-0.12-0.10）×（3.00-0.12-0.10）−（0.45-0.24）²（柱）+（4.10-0.10×2）×（3.00-0.12-0.10）−3.65×1.25（蹲台）+（2.40-0.10×2）×（3.00-0.12-0.1）−（0.45-0.24）×（0.45-0.2）（柱）+1×0.20×2（门洞口）=17.37（m²）

（2）50厚C20细石混凝土随打随抹（无素水泥浆）：

楼地面找平层，按设计图示尺寸，以面积计算。计算时应扣除凸出地面构筑物、设备基础、室内铁道、室内地沟等所占面积，不扣除间壁墙及≤0.3m²的柱、垛、附墙烟囱及孔洞所占面积，门洞、空圈、暖气包槽、壁龛的开口部分亦不增加（间壁墙指墙厚≤120mm的墙）。

（1.9-0.12-0.1）×（3.0-0.12-0.1）+（4.1-0.1×2）×（3.0-0.12-0.1）−3.65×1.25+（2.4-0.1×2）×（3.0-0.12-0.1）=17.07（m²）

（3）800×800全瓷瓷砖蹲台面层（含20厚结合层，无素水泥浆）：

定额中的"零星项目"，适用于楼梯和台阶的牵边、侧面、池槽、蹲台等项目，以及面积≤0.5m²且定额未列项的工程。

块料零星项目，按设计图示尺寸，以面积计算。

3.65×1.25+（3.65+1.25）×0.20=5.54（m²）

2．卫生间内墙面（内墙一）：

5厚面砖，白水泥浆擦缝；3厚1∶1水泥砂浆加水重20%建筑胶；素水泥浆一道；1.5厚聚氨酯防水涂料；（本例题不计算）6厚1∶0.5∶2水泥石灰砂浆压实抹平；7厚1∶1∶6水泥石灰砂浆；2厚配套专用界面砂浆批刮。

（1）内墙面全瓷瓷砖 300×450 [顶棚—底坪为（4.37-0.50）m 处]：

墙、柱面块料面层工程量，按设计图示尺寸，以面积计算。

（1.90-0.12-0.10+3.00-0.12-0.10）×2×（4.37-0.50）+（4.10-0.10-0.10+3.00-0.12-0.10）×2×（4.37-0.50）+[（2.4-0.10×2）+0.20×2+（3.0-0.12-0.10）×2]×（4.37-0.50）
=117.80（m²）

扣除门窗洞口：1.80×2.70+1.00×2.10×4=13.26（m²）

扣除蹲台墙面：(3.65+1.25)×0.20=0.98（m²）

内墙面面砖小计：117.80-13.26-0.98=103.56（m²）

（2）门窗洞口侧壁面砖：

块料镶贴的"零星项目"适用于挑檐、天沟、腰线、窗台线、门窗套、压顶、栏板、扶手、遮阳板、雨篷周边、空调机搁板（箱）、飘窗周边挑板等（调整汇编2021年）。

门洞口侧壁：(1.00+2.10×2)×(0.20-0.09)÷2×4=1.14（m²）

窗洞口侧壁：(1.80+2.70)×2×(0.24-0.065)÷2=0.79（m²）

门窗洞口侧壁面砖小计：1.14+0.79=1.93（m²）

（3）界面剂：

基层处理工程量，按其面层的工程量计算。

界面剂＝墙面瓷砖合计＝103.56+1.93=105.49（m²）

（4）墙面砖45°角对缝：

（4.37-0.50）×18+（1.80+2.70）×2+（2.10×2+1.00）×4 =99.46（m）

墙面阴阳角　　　　　　窗阳角　　　　　　门阳角

3．卫生间天棚（顶棚一）：

不上人U形轻钢龙骨双层骨架，主龙骨中距1000，次龙骨中距600，横撑龙骨中距600；8厚PVC板面层，用自攻螺栓固定[面层标高：顶板底向下（4.37-0.50）m]。

（1）天棚轻钢龙骨：

吊顶天棚龙骨，按主墙间净空水平投影面积计算；不扣除间壁墙、检查口、附墙烟囱、柱、灯孔、窗帘盒、垛和管道所占面积，由于上述原因所引起的工料也不增加；天棚中的折线、跌落、高低吊顶槽等面积不展开计算。

（1.90-0.12-0.10）×（3.00-0.12-0.10）+（4.10-0.10×2）×（3.00-0.12-0.10）+（2.40-0.10×2）×（3.00-0.12-0.10）=21.63（m²）

（2）天棚PVC面层：

天棚饰面工程量，按设计图示尺寸以面积计算，不扣除间壁墙、检查口、附墙烟囱、附墙柱、垛和管道所占面积，但应扣除独立柱、灯带、>0.3m2的灯孔及与天棚相连的窗帘盒所占的面积。

天棚PVC面层＝天棚轻钢龙骨＝21.63（m²）

三、外墙面：

简化计算外墙外表面以外工程量的一种基本方法：

①"按外墙中心线长度计算"，其实质，就是按外墙的设计（实际）长度计算。扩展开来，对于外墙外边沿以外的工程内容，按相应中心线长度计算，其实质就是按相应设计

（实际）长度计算。

② 一座外墙正交的建筑物，无论平面多么曲折，其四周外围的一个阴角与一个阳角一一对应相抵后，其四周外围有并且只有四个阳角。这是房屋建筑构造的一个基本特征，如图 2-15 所示。

"按中心线长度计算"的方法、与建筑物四周外围有并且只有四个阳角的特征两相结合，这是计算外墙外表面以外工程量（如：外墙外保温层外的装饰层等）时，简化计算的一种基本方法。熟练地运用这个算法，对于准确、快捷地计算相关工程量，有着重要的帮助作用。

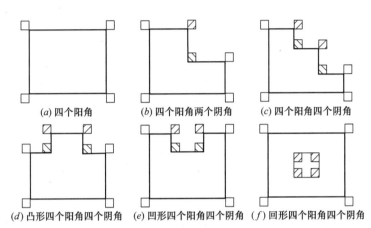

图 2-15　建筑物的阳角和阴角示意图

外墙抹灰面积，按设计外墙抹灰的设计图示尺寸，以面积计算。计算时应扣除门窗洞口、外墙裙和单个面积 > 0.3m² 孔洞所占面积，洞口侧壁面积不另增加。附墙垛凸出外墙面增加的抹灰面积并入外墙面工程量内计算。

楼地面，天棚面，墙、柱面的喷（刷）涂料、油漆工程，其工程量按各自抹灰的工程量计算规则计算。

下列计算未考虑抗裂砂浆的厚度 6mm。

1. 外墙面深驼色真石漆（底涂、主涂、面涂）：

散水顶坪至 5.4m 腰线底坪（保温层及保护层厚 80）：[（15.84+14.64）×2+8×0.08]×（5.40-0.15-0.02+0.42）=348.04（m²）

腰线正面：[60.96+8×（0.18+0.02）]×（0.15+0.02×2）=11.89（m²）

腰线底部：[60.96+8×（0.08+0.12/2）]×（0.18-0.08+0.02）=7.45（m²）

腰线顶部：[60.96+8×（0.18+0.02）/2]×（0.18+0.02）=12.35（m²）

扣门窗洞口：2.66×3.58+1.46×2.66+1.76×2.66×2+2.36×2.66+2.66×2.66×4=57.35（m²）
　　　　　　（M1）　　（C1）　　（C2）　　　（C3）　　（C4）

扣首层台阶遮挡（同［例 2-1-5］抗裂砂浆）：（3.90+0.30）×（0.42-0.015）=1.70（m²）

深驼色真石漆小计：348.04+11.89+7.45+12.35-57.35-1.70=320.68（m²）

2. 外墙面米黄色真石漆（底涂、主涂、面涂），如图 2-16 所示：

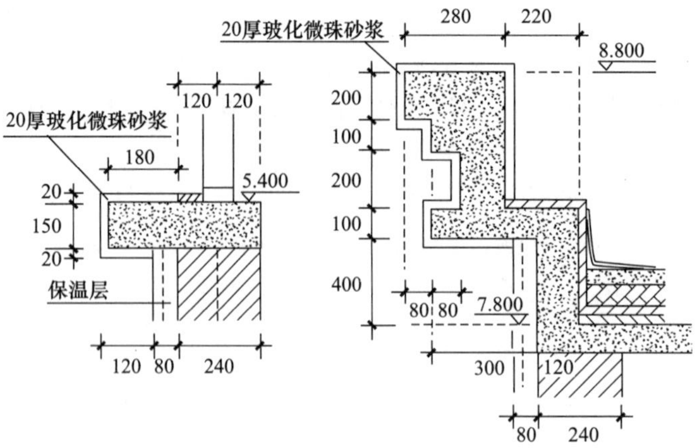

图 2-16 外墙面真石漆示意图

5.4m 腰线上坪至结构标高 8.2m（7.8+0.4=8.2）：（60.96+8×0.08）×（8.20-5.40）=172.48（m²）

女儿墙造型外侧（建施 10 大样图一，由下而上）：
[60.96+8×（0.08+0.24/2）]×（0.3-0.08+0.02）（水平）
+[60.96+8×（0.3+0.02）]×（0.1+0.02×2）（竖向）
+[60.96+8×（0.32-0.04）]×0.08（水平）
+[60.96+8×（0.28-0.04）]×（0.2-0.02×2）（竖向）
+[60.96+8×（0.32-0.04）]×0.08（水平）
+[60.96+8×（0.28+0.04）]×0.10（竖向）
+[60.96+8×（0.32+0.04）]×0.08（水平）
+[60.96+8×（0.36+0.04）]×（0.2+0.02×2）（竖向）=70.94（m²）

女儿墙顶部：[60.96+8×（0.22-0.12+0.14）]×（0.28+0.02×2）（水平）=20.12（m²）
女儿墙内侧：[60.96+8×（0.22-0.12-0.02）]×0.50（竖向）=30.80（m²）
扣窗洞口：1.46×1.46×2+1.76×1.46×2+2.36×1.46×2+2.66×1.46×4=31.83（m²）
　　　　　（C5）　　　（C6）　　　（C7）　　　（C8）
米黄色真石漆小计：172.48+70.94+20.12+30.80-31.83=262.51（m²）
外墙面真石漆合计：320.68+262.51=583.19（m²）
装饰工程分部分项工程工程量表，如表 2-12 所示。

装饰工程分部分项工程工程量表　　　　　　　　　表 2-12

工程名称：【例 2-1-6】　　　　　　　　　标段：　　　　　　　共 页第 页

序号	定额编号	分项工程名称	单位	工程量	换算说明
一、1	11-3-37	楼地面地砖 干硬性水泥砂浆 周长≤3200 会议室	10m²	5.083	
	11-1-4	C20 细石地面随打随抹厚 40	10m²	5.075	
	11-1-5H	C20 细石混凝土找平层每增减 5	10m²	5.075	子目×2

续表

序号	定额编号	分项工程名称	单位	工程量	换算说明
一、1	11-1-7H	刷素水泥浆一遍	10m²	5.075	子目×(−1)
一、2	11-3-45	地板砖踢脚 直线形 水泥砂浆	10m²	0.416	砂浆厚度不调整
	14-4-16	乳液界面剂 涂敷	10m²	0.416	
一、3	12-1-10	混合砂浆（厚9+6）砌块墙	10m²	10.690	
	12-1-17	混合砂浆 抹灰层每增减1mm	10m²	10.690	子目×(−2)
	14-4-16	乳液界面剂 涂敷	10m²	10.690	
	14-3-21	仿瓷涂料两遍 内墙	10m²	10.690	
一、4	14-4-14	成品腻子两遍 不抹灰天棚	10m²	5.449	
	14-3-22	仿瓷涂料两遍 天棚	10m²	5.449	
二、1	11-3-37	楼地面地砖 干硬性水泥砂浆 周长≤3200 卫生间	10m²	1.737	
	11-1-4	C20细石混凝土随打随抹厚40	10m²	1.707	
	11-1-5H	C20细石混凝土找平每增减5	10m²	1.707	子目×2
	11-1-7H	刷素水泥浆一遍	10m²	1.707	子目×(−1)
	11-3-50	零星项目地砖干硬性水泥砂浆	10m²	0.554	
	11-3-73	干硬性水泥砂浆 每增减5	10m²	0.554	子目×(−2)
	11-1-7H	刷素水泥浆一遍	10m²	0.554	子目×(−1)
二、2	12-2-25	水泥砂浆贴墙面砖 周长≤1500	10m²	10.356	
	12-2-22	零星项目水泥砂浆贴面砖152×152	10m²	0.193	
	12-1-16	水泥砂浆1:3抹灰每增减1mm	10m²	10.549	换为水泥砂浆1:1，子目×(−1)
	12-1-16	水泥砂浆1:3抹灰每增减1mm	10m²	10.549	子目×(−9)
	12-1-17	混合砂浆1:1:6每增减1mm	10m²	10.549	换为混合砂浆1:0.5:2，子目×6
	12-1-17	混合砂浆1:1:6每增减1mm	10m²	10.549	子目×7
	14-4-16	乳液界面剂 涂敷	10m²	10.549	
	12-2-52	墙面砖45°角对缝	10m	9.946	
二、3	13-2-13	不上人装配式U形轻钢天棚龙骨（网格600×600）平面	10m²	2.163	
	13-3-30	PVC扣板	10m²	2.163	
三、	14-3-5	墙面真石漆 三遍成活	10m²	58.319	
		装饰分部分项工程小计			

注：表中11-3-45、11-3-50、12-2-25、12-2-22子目换算，详见【例2-2-6】。

【例2-1-7】根据案例工程图纸，计算以下工作内容的定额工程量：(1)该工程外脚手架；(2)平挂式安全网；(3)挑出式安全网；(4)二层C交③轴处KZ1的脚手架；(5)±0.000以上KZ1、KZ2模板及模板支撑超高；(6)±0.000以上垂直运输；(7)大型机械设备进出场及安拆。

平挂式安全网、挑出式安全网按照一道设置，模板周转次数为两次，塔式起重机混凝土基础体积为 16m³。

 1. 整体工程双排外脚手架：

（1）整体工程双排钢管外脚手架：

建筑物外脚手架，按外墙外边线长度乘以高度，以面积计算。

凸出墙面宽度大于 240mm 的墙垛、外挑阳台（板）等，按图示尺寸展开并入外墙长度内计算；高度自设计室外地坪算至檐口（或女儿墙顶）；计算内外墙脚手架时，均不扣除门窗洞口、空圈洞口等所占的面积，如图 2-17 所示。

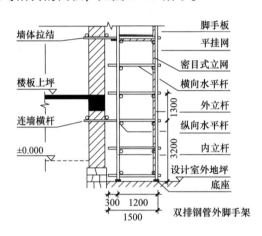

图 2-17 双排钢管外脚手架示意图

（15.84+14.64）×2×（0.45+8.80）=563.88（m²）

砌筑高度 ≤ 10m，执行单排脚手架子目；高度 > 10m，或高度虽 ≤ 10m，但外墙门窗及外墙装饰面积超过外墙表面积 > 60%（或外墙为现浇混凝土墙、轻质砌块墙）时，执行双排脚手架子目。

（2）平挂式安全网：

安全文明施工费中，包括临边洞口交叉高处作业防护安全网费用。其余部位的安全网、密目网是属于按定额计算规则计取的措施费，应根据甲乙双方认可的施工组织方案，按照《山东省建筑工程消耗量定额》第十七章相关子目进行计算（调整汇编 2021 年）。

鲁建质安字〔2018〕18 号发布的《山东省建筑工程安全施工标准图集》规定："作业层脚手板下应采用安全平网兜底，以下每隔 10m 应采用安全平网封闭。"

脚手架架体内距地面（设计室外地坪）3.2m 处必须搭设首层安全平网，向上平均每 1.3m 设一作业层，铺设脚手板，脚手板下挂设兜底安全平网（青岛市规定为双层网）。本层作业完成后，脚手板翻至上一作业层，兜底安全平网随之拆除翻上，但垂直高度每隔 ≤ 10m 应留置一道层间安全平网，直至外脚手架拆除。脚手架内排立杆距墙按 0.3m 计算，外脚手架宽度按 1.2m 计算，因此，安全平网网宽按 1.5m 计算。

平挂式安全网（脚手架外侧与建筑物外墙之间的安全网），按水平挂设的投影面积计算，执行立挂式安全网子目。

平挂式单层安全网的工程量计算，如下式：

平挂式单层安全网工程量 =（外墙外边线长度 +0.75×8）×1.50× 平挂网道数

其中，平挂式单层安全网道数 =（檐高 -3.2）÷1.30 +1（计算结果取整数），平挂式安全网按一道设置，

[（15.84+14.64）×2+8×0.75]×1.50×1=100.44（m²）

（3）（钢管）挑出式安全网：

挑出式安全网，搭设在外脚手架外侧四周，一般离地高度 10m 处搭设第一道，向上每间隔不大于 20m 处各搭设一道。外挑网宽度一般不小于 3.00m，外挑水平角度一般控制在 20°～30°之间。

挑出式安全网的工程量计算，如下式：

挑出式安全网工程量 =（外墙外边线长度 +1.50×8+1.50×8）×3.00× 挑出网道数

其中，挑出式安全网道数 =（檐高 -10）÷20 +1（计算结果取整数），挑出式安全网按一道设置，

[（15.84+14.64）×2+8×1.50+8×1.50]×3.00×1=254.88（m²）

2. 柱主体工程单排外脚手架：

各种现浇混凝土独立柱、框架柱、砖柱、石柱等，均需单独计算脚手架。

独立柱（现浇混凝土框架柱）按柱图示结构外围周长另加 3.6m，乘以设计柱高，以面积计算，执行单排外脚手架项目。

二层 C 交 ③ 轴处 KZ1 脚手架：(0.45×4+3.60)×(7.80-4.37)×1=18.52（m²）

3. ±0.000 以上柱混凝土复合木模板（钢支撑）：

（1）±0.000 以上柱模板面积：

现浇混凝土柱模板，按柱四周展开宽度乘以柱高，以面积计算。柱、梁相交时，不扣除梁头所占柱模板面积。柱、板相交时，不扣除板厚所占柱模板面积。柱、墙相连时，柱与墙接触面的面积，应予扣除。

±0.000 以上 KZ1、KZ2 模板（基础顶～±0.000 高度范围暂不考虑）：0.45×4×7.80×(5+4)=126.36（m²）

（2）柱模板支撑超高：

现浇混凝土柱、梁、墙、板是按支模高度（地面支撑点至模底或支模顶）3.6m 编制的，支模高度超过 3.6m 时，另行计算模板支撑超高部分的工程量。

现浇混凝土柱、梁、墙、板的模板支撑高度，按如下计算：

柱、墙：地（楼）面支撑点至构件顶坪。

梁：地（楼）面支撑点至梁底。

板：地（楼）面支撑点至板底坪。

现浇混凝土柱、梁、墙、板的模板支撑高度 > 3.6m 时，另行计算模板超高部分的工程量。

① 梁、板（水平构件）模板支撑超高的工程量计算，如下式：

超高次数 =（支模高度 -3.6）/1（遇小数进为 1，不足 1 按 1 计算）

超高工程量（m²）= 超高构件的全部模板面积 × 超高次数

② 柱、墙（竖直构件）模板支撑超高的工程量计算，如下式：

超高次数分段计算：自高度＞3.60m，第一个1m为超高1次，第二个1m为超高2次，依此类推；不足1m，按1m计算。

超高工程量（m²）=∑（相应模板面积 × 超高次数）

±0.000以上KZ1、KZ2模板支撑超高：

首层柱支模高度：4.37+0.45=4.82（m），超高：4.82-3.60=1.22（m），其中，1m超高1次，0.22m超高2次。

超高工程量：0.45×4×（1.00×1+0.22×2）×（5+4）=23.33（m²）

二层柱高：7.80-4.37=3.43（m），未超过3.60m，不计算模板支撑超高。

4. 垂直运输：

建筑物的外墙外保温层，应按其保温材料的水平截面积计算，并入自然层建筑面积，如图2-18所示。

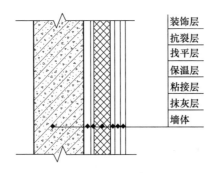

图2-18 外墙外保温层示意图

建筑面积仅计算保温材料本身（如外贴苯板时，仅苯板本身是保温材料），外墙面的其他层次，如抹灰层、粘结层（空气层）、找平层、抗裂层、装饰层以及防水（潮）层、保护层（墙）等均不计入建筑面积，如图2-19所示。

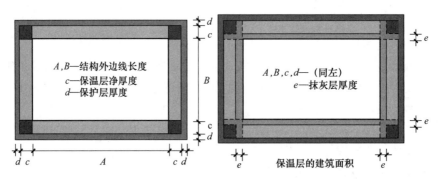

图2-19 保温层的建筑面积示意图

保温隔热层，按建筑物的自然层，以外墙结构外边线长度乘以保温材料的净厚度计算。如图2-19所示，由保温隔热层形成的建筑面积，左右两图均为：

保温隔热层建筑面积 =（A+B）×2×c

民用建筑垂直运输，包括基础（无地下室）垂直运输、地下室（含基础）垂直运输、

±0.000 以上（区分为檐高≤20m、檐高＞20m）垂直运输等内容。

民用建筑（无地下室）基础的垂直运输，按建筑物底层建筑面积计算。

基础垂直运输：15.84×14.64+（15.84+14.64）×2×0.05=234.95（m²）

檐高≤20m 建筑物的垂直运输，按建筑物建筑面积计算。

±0.000 以上垂直运输：234.95×2=469.9（m²）

下列计算是错误的：

（15.84+0.05×2）×（14.64+0.05×2）×2=469.91（m²）

[15.84×14.64+（15.84+14.64）×2×0.08]×2=473.55（m²）

5. 大型机械设备进出场：

大型机械安装拆卸和场外运输，按施工组织设计规定，以"台次"计算。

大型机械基础，按施工组织设计规定的尺寸，以体积（或长度）计算。

塔式起重机安装拆卸 1 台次；

塔式起重机场外运输 1 台次；

塔式起重机 C30 混凝土基础 16m³（钢筋和地脚螺栓不调整）；

塔式起重机混凝土基础拆除 16m³；

卷扬机安装拆卸 1 台次；

卷扬机场外运输 1 台次。

单价措施工程分部分项工程工程量表，如表 2-13 所示。

单价措施工程分部分项工程工程量表　　　　　　　　表 2-13

工程名称：【例 2-1-7】　　　　标段：　　　共　页第　页

序号	定额编号	分项工程名称	单位	工程量	换算说明
1	17-1-9	双排钢管外脚手架≤15m	10m²	56.388	
	17-6-1	平挂式安全网	10m²	10.044	
	17-6-2	钢管挑出式安全网	10m²	25.488	
2	17-1-6	单排钢管外脚手架≤6m	10m²	1.852	
3	18-1-36H	矩形柱复合木模板钢支撑	10m²	12.636	复合木模板换为 5.7997 锯成材换为 0.1394
	18-1-48	柱支撑＞3.6m 每增 1m 钢支撑	10m²	2.333	
4	19-1-17	檐高≤20m 现浇混凝土结构垂直运输 标准层建筑面积≤500m²	10m²	46.99	
	19-1-4	民用建筑（无地下室）±0.000 以下垂直运输 底层建筑面积≤500m²	10m²	23.495	
5	19-3-5	塔式起重机安拆 檐高≤20m	台次	1	
	19-3-18	塔式起重机外运 檐高≤20m	台次	1	
	19-3-1	现浇混凝土独立式基础	10m³	1.6	
	19-3-4	混凝土基础拆除	10m³	1.6	
	19-3-9	卷扬机安拆 檐高≤20m	台次	1	
	19-3-22	卷扬机外运 檐高≤20m	台次	1	
		单价措施项目小计			

注：表中 18-1-36H 子目换算，详见【例 2-2-7】。

二、定额计价

在定额计量的基础上，定额计价按下列步骤依次进行：

（1）根据单位工程中每一个分项工程的项目特征，在消耗量定额相应价目表中查得分项工程（子目）的相应单价；

（2）针对每一个分项工程（子目），计算分项工程费：

分项工程费 = 分项工程（子目）相应单价 × 定额工程量

（3）针对全部分项工程（子目），计算分部分项工程费：

分部分项工程费 =∑ 分项工程费

（4）针对全部分项工程（子目），集中进行取费（总价措施费、企业管理费、利润、规费、税金）计算：

总价措施费（企业管理费、利润、规费、税金）= 分部分项工程费中规定基数 × 相应费率

（5）计算单位工程造价：

单位工程造价 = 分部分项工程费 + 总价措施费 + 企业管理费 + 利润 + 规费 + 税金

定额计价表格示例，如表 2-14 所示。

以下【例 2-2-1】～【例 2-2-7】，分别列出了各例题所有定额计价的计算过程，并将计算结果集中汇总于各例题最后的分部分项工程费用表中，形成分部分项工程费。【例 2-2-8】是【例 2-2-1】～【例 2-2-7】的汇总和相应取费计算。

【例 2-2-1】根据 2019 年山东省建筑工程价目表（以下简称 19.4. 价目表），计算［例 2-1-1］中各定额计量项目的人工费、材料费和机械费，编制该部分的分部分项工程费表。

解（1）机械挖土及人工清理修整：

机械挖土以及机械挖土后的人工清理修整，按机械挖土相应规则（不能留出 0.30m 厚度不算）一并计算挖方总量。其中，机械挖土按挖方总量执行相应子目，乘以如表 2-15 所示规定的系数；人工清理修整，按挖方总量执行表 2-15 规定的子目并乘以相应系数。

（2）2-1-28 混凝土垫层子目人工、机械系数换算：

人工（或机械）乘系数时，其换算的一般公式为：

换算后子目合价 = 子目原合价 + 价目表人工费（或机械费）× 增加系数

换算后人工合价 = 子目原人工合价 + 价目表人工费 × 增加系数

垫层定额按地面垫层编制。若为基础垫层，人工、机械分别乘以下列系数：条形基础 1.05，独立基础 1.10，满堂基础 1.00。 换算如下：

查 19.4. 价目表，2-1-28 子目人材机合价（一般计税法）5353.99 元 /10m^3，人工、机械单价分别为 913.00 元 /10m^3、6.39 元 /10m^3。

条形基础，人材机合价增加：（913.00+6.39）× 0.05=45.97（元 /10m^3）

其中，人工费增加：913.00 × 0.05=45.65（元 /10m^3）

独立基础，人材机合价增加：（913.00+6.39）× 0.10 =91.94（元 /10m^3）

其中，人工费增加：913.00 × 0.10=91.30（元 /10m^3）

分部分项工程费用表

工程名称：定额计价示例　　　　　标段：　　　　　　　　　　　　　　　　　　　　　　表 2-14
　　共　页 第　页

序号	定额编号	项目名称	单位	工程量	省价 人工单价	省价 人工合价	省价 人材机单价	省价 人材机合价	合同价 人工单价	合同价 人工合价	合同价 人材机单价	合同价 人材机合价
1	4-2-1	M5.0混合砂浆加气混凝土砌块墙	10m³	5.847	1697.30	9924.11	4599.90	26895.62	1543.00	9021.92	4445.60	25993.42
	1-4-6	毛砂过筛	10m³	0.605	353.10	213.63	353.10	213.63	321.00	194.21	321.00	194.21
2		分部分项工程费				10137.74		27109.24		9216.13		26187.63
3	18-1-36H	矩形柱复合木模板钢支撑	10m²	12.636	242.00	3057.91	794.83	10043.47	220.00	2779.92	772.83	9765.48
4	18-1-48	柱支撑高度＞3.6m 每增1m 钢支撑	10m²	2.333	30.80	71.86	37.59	87.70	28.00	65.32	34.79	81.17
		单价措施项目费				3129.77		10131.17		2845.24		9846.64

注：1. 省价人工单价、省价人材机单价，均抄自2019年4月发布的省价目表（注2除外）。
2. 18-1-36H，单价人材机单价＝564.01+32.54×（5.7997－2.8998）+251.72×（0.1394－0.0788）＝794.83（元/10m²）
3. 合同人工单价＝省价人工单价/110×100（或合同价人工单价100×定额工日消耗量）
4. 合同人材机单价＝省价人材机单价－省价人工单价＋合同人工单价
5. 合价＝相应单价×工程量

机械挖土及人工清理修整系数 表 2-15

基础类型	机械挖土		人工清理修整	
	执行子目	系数	执行子目	系数
一般土方	相应子目	0.95	1-2-1	0.063
沟槽土方		0.90	1-2-6	0.125
地坑土方		0.85	1-2-11	0.188

（3）2-1-28 混凝土垫层子目混凝土配合比（强度等级）换算：

定额所列的砌筑砂浆强度等级、混凝土强度等级、抹灰砂浆配合比，设计与定额不同时，允许换算；换算时定额消耗量不变。

这类定额换算是使用定额过程中最常见的换算，十分简单，其换算的一般公式为：

换算后子目合价 = 子目原合价 +（设计材料单价 - 定额材料单价）× 定额材料消耗量

垫层材料配合比与定额不同时，可以调整。

垫层混凝土强度等级，定额为 C15（石子 < 40），设计为 C20。查定额 2-1-28 子目，C15（石子 < 40）混凝土定额消耗量 $10.1m^3/10m^3$。查 19.4. 价目表，2-1-28 子目人材机合价（一般计税法）5353.99 元 $/10m^3$。查 19.4. 价目表，C15（石子 < 40）混凝土单价（除税价）436.89 元 $/m^3$；C20（石子 < 40）混凝土单价（除税价）466.02 元 $/m^3$。

人材机合价增加：（466.02 − 436.89）× 10.1 = 294.21（元 $/10m^3$）

综上（2）、（3），换算后合价：

条形基础，人材机合价 = 5353.99 + 45.97 + 294.21 = 5694.17（元 $/10m^3$）

其中，人工费合价 = 913.00 + 45.65 = 958.65（元 $/10m^3$）

独立基础，人材机合价 = 5353.99 + 91.94 + 294.21 = 5740.14（元 $/10m^3$）

其中，人工费合价 = 913.00 + 91.30 = 1004.30（元 $/10m^3$）

基础工程分部分项工程费用表，如表 2-16 所示。

基础工程分部分项工程费用表 表 2-16

工程名称：【例 2-2-1】　　　　标段：　　　　共　页第　页

序号	定额编号	项目名称	单位	工程量	省价人工		省价人材机	
					单价	合价	单价	合价
1	1-2-45H	挖掘机挖装沟槽土方 普通土/（0.90 倍）	$10m^3$	10.415	8.91	92.80	53.97	562.10
	1-2-6	人工清理修整（沟槽土）槽深 ≤ 2m 普通土（0.125 倍）	$10m^3$	10.415	48.40	504.09	48.40	504.09
	1-2-58	自卸汽车运土方 运距 ≤ 1km	$10m^3$	10.415	3.30	34.38	62.48	650.73
2	1-2-45 H	挖掘机挖装地坑土方 普通土/（0.85 倍）	$10m^3$	15.183	8.42	127.77	50.98	773.96
	1-2-11 H	人工清理修整（地坑土）坑深 ≤ 2m 普通土（0.188 倍）	$10m^3$	15.183	77.14	1171.22	77.14	1171.22
	1-2-58	自卸汽车运土方 运距 ≤ 1km	$10m^3$	15.183	3.30	50.11	62.48	948.64

续表

序号	定额编号	项目名称	单位	工程量	省价人工 单价	省价人工 合价	省价人材机 单价	省价人材机 合价
7	1-4-13	夯填土 机械 槽坑	10m³	22.392	110.00	2463.12	137.03	3068.38
	1-2-53	挖掘机装车 土方	10m³	25.751	9.90	254.94	39.43	1015.37
	1-2-58	自卸汽车运土方 运距≤1km	10m³	25.751	3.30	84.97	62.48	1608.93
3		黏土（04090047）	m³	1.99	0.00	0.00	20.83	41.45
	2-1-28HS	C20 现浇混凝土碎石＜40/垫层 无筋/条形基础（人工，机械×1.05）[商品混凝土]	10m³	0.202	958.63	193.64	5694.18	1150.22
	2-1-28HS	C20 现浇混凝土碎石＜40/垫层 无筋/独立基础（人工，机械×1.10）[商品混凝土]	10m³	0.267	1004.30	268.15	5740.14	1532.62
4	5-1-4S	C30 现浇混凝土碎石＜40/带形基础[商品混凝土]	10m³	0.333	740.30	246.52	5677.30	1890.54
	5-1-6S	C30 现浇混凝土碎石＜40/独立基础[商品混凝土]	10m³	0.989	687.51	679.94	5661.12	5598.84
		建筑分部分项工程小计				6171.63		20517.06
3	5-3-14	泵送混凝土 其他构件 泵车	10m³	0.474	59.41	28.16	197.70	93.71
4	5-3-10	泵送混凝土 基础 泵车	10m³	1.335	15.40	20.56	100.05	133.57
		单价措施项目小计				48.72		227.28
		分部分项工程费用合计				6220.35		20744.34

【例 2-2-2】根据 2019 年山东省建筑工程价目表，计算［例 2-1-2］中各定额计量项目的人工费、材料费和机械费，编制该部分的分部分项工程费表（删除原教材中"采用干拌砂浆"）。

 砌筑砂浆、混凝土强度等级的定额换算：

定额所列的砌筑砂浆、混凝土强度等级、抹灰砂浆配合比，如设计与定额不同时，允许换算；换算时定额消耗量不变。

其换算的一般公式为：

换算后子目合价＝子目原合价＋（设计材料单价－定额材料单价）×定额材料消耗量

定额所列砌筑砂浆的强度等级和种类，如设计与定额不同时，允许换算。

定额中已列出常用混凝土强度等级，如与设计要求不同时，允许换算。

4-1-1 子目砌筑砂浆强度等级的换算，如下式：

4-1-1H：4875.88＋（281.31－270.50）×2.3985＝4901.81（元/10m³）

【例 2-2-2】砌筑砂浆、混凝土强度等级换算，如表 2-17 所示。

砌筑砂浆、混凝土强度等级换算　　　　　　　　　　　　　　　表 2-17

定额编号	子目原合价	设计材料单价	定额材料单价	单价差	定额消耗量	差价	子目换算后合价
4-1-1	4875.88	281.31	270.50	10.81	2.3985	25.93	4901.81
5-1-17	7959.50				9.8691	95.83	8055.33
5-1-21	7842.03	466.02	456.31	9.71	10.1000	98.07	7940.10
5-1-22	8869.45				10.1000	98.07	8967.52

二次结构工程分部分项工程费用表，如表 2-18 所示。

二次结构工程分部分项工程费用表　　　　　　　　　　　　　　表 2-18

工程名称：【例 2-2-2】　　　　　　　标段：　　　　　　　共　页第　页

序号	定额编号	项目名称	单位	工程量	省价人工 单价	省价人工 合价	省价人材机 单价	省价人材机 合价
1	4-1-1H	水泥砂浆 M7.5/砖基础	10m³	1.515	1206.70	1828.16	4901.81	7426.25
	1-4-6	毛砂过筛	10m³	0.369	353.10	130.30	353.10	130.30
6	4-2-1	混合砂浆 M5.0/加气混凝土砌块墙	10m³	5.847	1697.30	9924.11	4599.90	26895.61
	1-4-6	毛砂过筛	10m³	0.605	353.11	213.63	353.10	213.63
2	8-7-2	铝合金 平开窗	10m²	3.33	338.80	1128.20	3167.68	10548.37
	8-1-2	成品木门框安装	10m	3.668	51.70	189.64	207.24	760.16
	8-1-3	普通成品门扇安装	10m² 扇面积	1.254	159.50	200.01	4584.30	5748.71
3	5-1-22HS	C25 现浇混凝土碎石＜20/过梁 [商品混凝土]	10m³	0.133	3326.38	442.41	8967.52	1192.68
4	5-1-17HS	C25 现浇混凝土碎石＜31.5/构造柱 [商品混凝土]	10m³	0.193	3276.92	632.45	8055.33	1554.68
5	5-1-21HS	C25 现浇混凝土碎石＜20/压顶 [商品混凝土]	10m³	0.17	2816.00	478.72	7940.10	1349.82
		建筑分部分项工程小计				15167.63		55820.20

【例 2-2-3】根据 2019 年山东省建筑工程价目表，计算 [例 2-1-3] 中各定额计量项目的人工费、材料费和机械费，编制该部分的分部分项工程费表。混凝土构件采用商品混凝土，汽车泵泵送。

解　混凝土工程分部分项工程费用表，如表 2-19 所示。

【例 2-2-4】根据 2019 年山东省建筑工程价目表，计算 [例 2-1-4] 中各定额计量项目的人工费、材料费和机械费，编制该部分的分部分项工程费表。混凝土为商品混凝土（删除原教材中"砂浆采用干拌砂浆"）。

混凝土工程分部分项工程费用表 表 2-19

工程名称：【例 2-2-3】　　　　　　　　　　标段：　　　　　　　　共　页第　页

序号	定额编号	项目名称	单位	工程量	省价人工		省价人材机	
					单价	合价	单价	合价
1	5-1-14S	C30 现浇混凝土碎石＜31.5/矩形柱［商品混凝土］	10m³	1.196	1894.20	2265.46	6763.61	8089.28
2	5-1-31S	C30 现浇混凝土碎石＜20/有梁板［商品混凝土］	10m³	3.615	649.00	2346.14	6001.00	21693.62
		建筑分部分项工程小计				4611.60		29782.89
3	5-3-12	泵送混凝土 柱梁板 泵车	10m³	4.831	29.70	143.49	128.46	620.60
		单价措施项目小计				143.49		620.60
		例 2-2-3				4755.08		30403.49

解 10-1-16H 岩棉隔离带子目换算：372.84+（49.10-33.21）×10.2 =534.92（元/10m²）

9-2-67H 水泥砂浆 M15 二次抹压子目换算：207.24+（313.80-463.65）×0.2050=176.52（元/10m²）

11-1-2H 水泥砂浆找平层子目换算：

具有特殊功能的防水层（含其下的找平层）、保温层（含其上的保护层、抗裂层），属于建筑工程；防水层、保温层以外的其他层次属于装饰工程（调整汇编 2021 年）。

217.95+（452.72-415.45）×0.2563−98.40+110×0.82=219.30（元/10m²）

屋面工程分部分项工程费用表，如表 2-20 所示。

屋面工程分部分项工程费用表 表 2-20

工程名称：【例 2-2-4】　　　　　　　　　　标段：　　　　　　　　共　页第　页

序号	定额编号	项目名称	单位	工程量	省价人工		省价人材机	
					单价	合价	单价	合价
1	10-1-11	水泥珍珠岩 1：10/混凝土板上	10m³	2.108	1026.30	2163.44	3150.43	6641.11
2	10-1-16	混凝土板上 干铺聚苯保温板	10m²	19.472	34.10	663.99	372.84	7259.94
	10-1-16H	混凝土板上 干铺岩棉隔离带	10m²	2.90	34.10	98.89	534.92	1551.27
3	9-2-65S	C20 细石混凝土/厚40mm［商品混凝土］	10m²	22.464	104.50	2347.49	333.77	7497.81
4	9-2-67 H	水泥砂浆 M15 二次抹压 厚20mm	10m²	22.464	96.80	2174.52	176.52	3965.35
	9-2-78	分格缝 水泥砂浆面层 厚25mm	10m	43.44	47.30	2054.71	57.57	2500.84
	9-2-79 H	分格缝 每增减10mm（0.50倍）	10m	−43.44	5.50	−238.92	7.83	−340.14
5	11-1-2 H	水泥抹灰砂浆 1：2.5/找平层 在填充材料上 20mm	10m²	24.172	90.20	2180.31	219.30	5300.92

续表

序号	定额编号	项目名称	单位	工程量	省价人工 单价	省价人工 合价	省价人材机 单价	省价人材机 合价
6	9-2-10	改性沥青卷材热熔法 一层 平面	10m²	24.264	26.40	640.57	468.55	11368.89
	9-2-12	改性沥青卷材热熔法 每增一层 平面	10m²	24.264	23.10	560.49	368.60	8943.71
	9-2-10 H	改性沥青卷材热熔法 一层附加层（人工 ×1.82）	10m²	3.511	48.05	168.70	490.20	1721.09
	9-2-12 H	改性沥青卷材热熔法 每增一层附加层（人工 ×1.82）	10m²	3.511	42.04	147.61	387.54	1360.66
		建筑分部分项工程小计				12961.80		57771.45

【例2-2-5】根据2019年山东省建筑工程价目表，计算［例2-1-5］中各外墙保温定额计量项目的人工费、材料费和机械费，编制该部分的分部分项工程费表。

解 具有特殊功能的防水层（含其下的找平层）、保温层（含其上的保护层、抗裂层），属于建筑工程；防水层、保温层以外的其他层次属于装饰工程（调整汇编2021年）。

外墙保温工程分部分项工程费用表，如表2-21所示。

外墙保温工程分部分项工程费用表　　　　　　表2-21

工程名称：【例2-2-5】　　　　　　　　　标段：　　　　　　共 页第 页

序号	定额编号	项目名称	单位	工程量	省价人工 单价	省价人工 合价	省价人材机 单价	省价人材机 合价
1	10-1-47	立面 胶粘剂粘贴聚苯保温板满粘	10m²	23.894	122.10	2917.46	423.74	10124.84
2	10-1-65	胶粉聚苯颗粒找平层 墙面保温层上 厚度15mm	10m²	24.224	114.40	2771.23	182.14	4412.16
	10-1-66H	胶粉聚苯颗粒找平层 厚度每增减 5mm（3.00倍）	10m²	24.224	95.70	2318.24	163.27	3955.05
3	10-1-68	抗裂砂浆 厚度≤10mm 墙面	10m²	24.479	102.30	2504.20	419.46	10267.96
	10-1-73	墙面耐碱纤维网格布 一层布	10m²	24.479	44.00	1077.08	61.60	1507.91
4	10-1-57	膨胀玻化微珠保温浆料/立面 厚度25mm	10m²	1.48	165.00	244.20	360.42	533.42
	10-1-58	膨胀玻化微珠保温浆料/立面 厚度每增减 5mm	10m²	-1.48	31.90	-47.21	70.40	-104.20
5	10-1-68	抗裂砂浆 厚度≤10mm 墙面	10m²	1.526	102.30	156.11	419.46	640.10
	10-1-73	墙面耐碱纤维网格布 一层布	10m²	1.526	44.00	67.14	61.60	94.00
		建筑分部分项工程小计				12008.44		31431.24

【例2-2-6】根据2019年山东省建筑工程价目表，计算［例2-1-6］中各装饰工程定

额计量项目的人工费、材料费和机械费,编制该部分的分部分项工程费表(删除原教材中"采用干拌砂浆")。

 1. 11-3-45 地板砖踢脚的结合层厚度换算:

镶贴块料面层的结合层厚度与定额取定不符时,水泥砂浆结合层按"11-1-3、水泥砂浆每增减 5mm"进行调整,干硬性水泥砂浆按"11-3-73、干硬性水泥砂浆每增减 5mm"进行调整,如表 2-22 所示。

镶贴块料面层子目砂浆结合层厚度一览(mm)　　　表 2-22

项目名称		水泥砂浆粘贴		干硬性水泥砂浆粘贴		胶粘剂粘贴
		素水泥浆	1:2.5	素水泥浆	1:3	水泥砂浆
石材块料	楼地面及其他	1	20	1	30	0
	零星项目	1	20	—	—	0
	踢脚板	1	1:1—5 1:2—6 1:3—9	—	—	1:2—6 1:3—9
地板砖	楼地面及其他	1	20	1	20	—
	零星项目	1	20	1	30	0
	踢脚板	1	1:1—4 1:2—6 1:3—9	—	—	1:2—6 1:3—9
缸砖	楼地面	0	1:3—10			0
	零星项目		1:3—10			
	踢脚板		1:1—5 1:2—6			0
方整石板	楼地面	0	1:2—18	—	—	
	其他	—	—	1.5	1:4—30	
陶瓷锦砖(马赛克)		1	5	1	20	0
碎拼石材块料		1	1:1—15	1	30	—

注:"—"表示定额不存在这类子目,"0"表示定额子目中不含这个层次。

11-1-3 水泥砂浆每增减 5mm 子目,不仅用于找平层厚度的调整,还可用于整体面层厚度的调整和块料面层结合层厚度的调整。块料面层结合层为干硬性水泥砂浆时,按 11-3-73 每增减 5mm 子目调整。

使用上述两项定额调整砂浆厚度时,每增减 5mm 调整一次,不足 5mm 按 5mm 计算。这就是说,调增砂浆厚度时,不足 5mm 按 5mm 调增;调减砂浆厚度时,不足 5mm 不调减(按 5mm 调减将不能满足设计要求)。总之,使用上述两项定额调整砂浆厚度时,调整次数只能是(正或负)整数,不应该出现小数。

11-3-45 地板砖踢脚的结合层厚度换算,如表 2-23 所示。

11-3-45 地板砖踢脚的结合层厚度换算 表 2-23

图示做法		定额 11-3-45 子目			调整	
内容	厚度	内容	含量	厚度	厚度	适用子目
全瓷瓷砖 5 厚		地板砖 600×600	10.2			
素水泥浆一道	1	素水泥浆一道	0.0101	1	0	不调整
1:1 水泥砂浆	3	1:1 水泥砂浆	0.041	4	−1	不足 5mm 不调减
1:2 水泥砂浆	6	1:2 水泥砂浆	0.0615	6	0	不调整
1:3 水泥砂浆	7	1:3 水泥砂浆	0.0923	9	−2	不足 5mm 不调减

2. 11-3-50 地板砖零星项目的结合层厚度换算，如表 2-24 所示：

11-3-50 地板砖零星项目的结合层厚度换算 表 2-24

图示做法		定额 11-3-50 子目			调整	
内容	厚度	内容	含量	厚度	厚度	适用子目
防滑地砖 8～10 厚		地板砖 400×400	10.6			
素水泥浆一道	0	素水泥浆一道	0.0101	1	−1	11-1-7 ×（−1）
1:3 干硬性水泥砂浆	20	1:3 干硬性水泥砂浆	0.3075	30	−10	11-3-73 ×（−2）

3. 12-2-25 墙面砖、12-2-22 零星项目面砖的结合层厚度换算：

粘贴块料面层子目，定额中包括了块料背面与结构层之间的砂浆，其砂浆种类、配合比可按定额相应规定换算；其厚度设计与定额不同时，套用 12-1-15～17 砂浆厚度调整子目予以调整，如表 2-25 所示。

粘贴块料面层子目砂浆厚度一览（mm） 表 2-25

项目名称		定额编号	素水泥浆	水泥砂浆 1:3	水泥砂浆 1:2.5	水泥砂浆 1:1
粘贴石材块料	砂浆粘贴	12-2-3、4	1	9	6	5
	胶粘剂贴	12-2-5、6	0			
拼碎石材块料	砂浆粘贴	12-2-11	1			
粘贴文化石	砂浆粘贴	12-2-13、14	1			
	胶粘剂贴	12-2-15、16	0			
粘贴陶瓷锦砖	砂浆粘贴	12-2-17、18	1		0	4
	胶粘剂贴	12-2-19、20	0			0
粘贴瓷砖	砂浆粘贴	12-2-21、22、23、24	1			4
粘贴全瓷墙面砖	砂浆粘贴	12-2-25、26	1			4
	胶粘剂贴	12-2-27、28	0			0
粘贴腰线砖	砂浆粘贴	12-2-29	1			4
	胶粘剂贴	12-2-30	0			0

续表

项目名称		定额编号	素水泥浆	水泥砂浆 1∶3	水泥砂浆 1∶2.5	水泥砂浆 1∶1
粘贴瓷质外墙砖（有缝）	砂浆粘贴	12-2-33、34、35、39、40、41、45、46、47	1	15	1∶2 5	填缝用
	胶粘剂贴	12-2-36、37、38、42、43、44、48、49、50	0	9	6	聚合物 5

12-2-25墙面砖、12-2-22零星项目面砖的结合层厚度换算，如表2-26所示。

结合层厚度换算　　　　表2-26

图示做法		定额12-2-25子目			调整	
内容	厚度	内容	含量	厚度	厚度	适用子目
面砖5厚		墙面砖300×450	10.4			
素水泥浆一道	1	素水泥浆一道	0.0101	1	0	不调整
1∶1水泥砂浆	3	1∶1水泥砂浆	0.0446	4	−1	12-1-16H×（−1）
		1∶3水泥砂浆	0.1004	9	−9	12-1-16×（−9）
1∶0.5∶2水泥石灰砂浆	6				6	12-1-17H×6
1∶1∶6水泥石灰砂浆	7				7	12-1-17×7

注：1. 表中12-1-16H，是指将12-1-16子目中的1∶3水泥砂浆置换为1∶1水泥砂浆。
　　12-1-16H：9.98+（494.83−415.45）×0.0116=10.90（元/10m²）
　2. 表中12-1-17H，是指将12-1-17子目中的1∶6水泥石灰砂浆置换为1∶0.5∶2砂浆。
　　12-1-17H：9.36+（399.50−362.43）×0.0116=9.79（元/10m²）
　3. 零星项目贴面砖，其图示做法和12-2-22子目含量均与12-2-25墙面砖子目相同，故两子目工程量合并，统一按如表2-22～26所示调整。

装饰工程分部分项工程费用表，如表2-27所示。

装饰工程分部分项工程费用表　　　　表2-27

工程名称：【例2-2-6】　　　　标段：　　　　共　页第　页

序号	定额编号	项目名称	单位	工程量	省价人工		省价人材机	
					单价	合价	单价	合价
一、1	11-3-37	干硬性水泥砂浆1∶3/地板砖楼地面 周长≤3200mm	10m²	5.083	332.40	1689.59	1411.51	7174.71
	11-1-4S	C20细石混凝土找平层40mm［商品混凝土］	10m²	5.075	86.40	438.48	301.82	1531.74
	11-1-5HS	C20细石混凝土找平层 每增减5mm（2.00倍）［商品混凝土］	10m²	5.075	19.20	97.44	71.23	361.49
	11-1-7	刷素水泥浆一遍	10m²	−5.075	13.20	−66.99	20.20	−102.52
一、2	11-3-45	水泥砂浆/地板砖踢脚板 直线形	10m²	0.416	651.60	271.06	1556.94	647.69
	14-4-16	乳液界面剂 涂敷	10m²	0.416	6.00	2.50	11.13	4.63

续表

序号	定额编号	项目名称	单位	工程量	省价人工 单价	省价人工 合价	省价人材机 单价	省价人材机 合价
一、3	12-1-10	混合砂浆 厚9+6（mm）混凝土墙（砌块墙）	10m²	10.69	147.60	1577.85	218.61	2336.94
	12-1-17H	水泥石灰砂浆1：1：6/抹灰层每增减1mm（2.00倍）	10m²	-10.69	9.60	-102.62	18.73	-200.22
	14-4-16	乳液界面剂 涂敷	10m²	10.69	6.00	64.14	11.13	118.98
	14-3-21	仿瓷涂料两遍 内墙	10m²	10.69	32.40	346.35	51.08	546.04
一、4	14-4-14	满刮成品腻子 两遍 不抹灰大棚	10m²	5.449	54.00	294.25	228.17	1243.30
	14-3-22	仿瓷涂料两遍 天棚	10m²	5.449	33.60	183.08	52.80	287.71
二、1	11-3-37	干硬性水泥砂浆1：3/地板砖楼地面 周长≤3200mm	10m²	1.737	332.40	577.38	1411.51	2451.79
	11-1-4S	C20 细石混凝土找平层 40mm［商品混凝土］	10m²	1.707	86.40	147.49	302.50	516.37
	11-1-5HS	C20 细石混凝土找平层 每增减5mm（2.00倍）［商品混凝土］	10m²	1.707	19.20	32.78	71.23	121.59
	11-1-7	刷素水泥浆一遍	10m²	-1.707	13.20	-22.53	20.88	-35.64
	11-3-50	干硬性水泥砂浆1：3/地板砖零星项目	10m²	0.554	912.00	505.25	1692.10	937.42
	11-3-73H	干硬性水泥砂浆1：3/每增减5mm（2.00倍）	10m²	-0.554	19.20	-10.64	61.70	-34.18
	11-1-7	刷素水泥浆一遍	10m²	-0.554	13.20	-7.31	20.88	-11.57
二、2	12-2-25	水泥砂浆粘贴全瓷墙面砖 周长≤1500mm	10m²	10.356	445.20	4610.49	1080.88	11193.59
	12-2-22	水泥砂浆粘贴瓷砖 零星项目 边长152×152（mm）	10m²	0.193	688.80	132.94	1003.18	193.61
	12-1-16 H	水泥抹灰砂浆1：1/水泥砂浆 抹灰层每增减1mm	10m²	-10.549	4.80	-50.64	10.90	-114.99
	12-1-16 H	水泥砂浆1：3/抹灰层每增减1mm（9.00倍）	10m²	-10.549	43.20	-455.71	89.81	-947.44
	12-1-17 H	水泥石灰砂浆1：0.5：2/抹灰层每增减1mm（6.00倍）	10m²	10.549	28.80	303.82	58.76	619.86
	12-1-17 H	水泥石灰砂浆1：1：6/抹灰层每增减1mm（7.00倍）	10m²	10.549	33.60	354.44	65.53	691.28
	14-4-16	乳液界面剂 涂敷	10m²	10.549	6.00	63.30	11.13	117.41
	12-2-52	墙面砖45°角对缝	10m	9.946	157.20	1563.51	173.50	1725.63

续表

序号	定额编号	项目名称	单位	工程量	省价人工 单价	省价人工 合价	省价人材机 单价	省价人材机 合价
二、3	13-2-13	装配式不上人U形轻钢天棚龙骨 网格尺寸600×600 平面	10m²	2.163	210.00	454.23	477.02	1031.80
	13-3-30	天棚其他饰面 PVC 扣板	10m²	2.163	144.00	311.47	486.99	1053.36
三、	14-3-5	墙柱面喷真石漆 三遍成活	10m²	58.319	169.20	9867.58	984.23	57399.31
		装饰分部分项工程小计				23172.95		90859.68

【例 2-2-7】根据 2019 年山东省建筑工程价目表，计算［例 2-1-7］中各措施定额计量项目的人工费、材料费和机械费，编制该部分的单价措施费表。脚手架采用钢管架，模板为复合木模板钢支撑。

 1. 18-1-36 矩形柱复合木模板子目模板周转次数换算：

定额复合木模板周转次数，基础部位按 1 次考虑，其他部位按 4 次考虑。

实际工程中复合木模板周转次数与定额不同时，可按实际周转次数，根据以下公式分别对子目材料中的复合木模板、锯成材消耗量进行计算调整。

公式中复合木模板制作损耗系数、方木消耗系数如表 2-28 所示。

复合木模板制作损耗系数、方木消耗系数　　　　表 2-28

构件部位	基础	柱	构造柱	梁	墙	板
模板制作损耗系数	1.1392	1.1047	1.2807	1.1688	1.0667	1.0787
方木消耗系数	0.0209	0.0231	0.0249	0.0247	0.0208	0.0172

本题目中模板周转次数为两次。

调整后**复合木模板消耗量** = 模板一次使用量 ×（1+5%）× 模板制作损耗系数 ÷ 周转次数 =10.5 × 模板制作损耗系数 ÷ 周转次数 =10.5 × 1.1047 ÷ 2=5.7997（m²）

调整后**锯成材消耗量** = 定额锯成材消耗量 $-N_1+N_2$

其中，N_1= 模板一次使用量 ×（1+5%）× 方木消耗系数 ÷ 定额模板周转次数

N_2= 模板一次使用量 ×（1+5%）× 方木消耗系数 ÷ 实际周转次数

调整后锯成材消耗量 = 定额锯成材消耗量 + N_2-N_1 = 定额锯成材消耗量 + 10.5 × 方木消耗系数 ×（1/ 实际周转次数 −1/ 定额周转次数）=0.0788 + 10.5 × 0.0231 ×（1/2−1/4）=0.1394（m³）

因此，在使用定额 18-1-36 时，应将定额中复合木模板消耗量调整为 5.7997m²，锯成材消耗量调整为 0.1394m³。

18-1-36H：564.01+32.54 ×（5.7997−2.8998）+2251.72 ×（0.1394−0.0788）=794.83（元 /10m²）

2.19-1-4 基础垂直运输子目系数确定：

民用建筑（无地下室）±0.000 以下存在多种基础形式时，其垂直运输以各种基础形式所对应的底层建筑面积之和确定工程量，以体积大的基础形式执行定额。民用建筑（无地下室）±0.000 以下基础含量 ≤ 3m³/10m²（底层建筑面积）时，其垂直运输子目乘以系数 0.5。

（1）混凝土条形基础：

条形基础 TJ-1 轴线总长度：15.6×4−3.6×2+14.4×4−2.4+6.00+3.00=119.40（m）
　　　　　　　　　　　　　　　横向　　　　纵向　　　④轴　卫生间

TJ-1 端头至 DJP 下阶侧壁应扣除长度：1.105×8+(2.50+1.355)×4+1.25×2=−26.76(m)
　　　　　　　　　　　　　　　　　　　四角　　外墙中柱　　　中心柱

TJ-1 一个端头在 DJP02 坡面 1.105 方向上的平均长度：

因为，(1.105−0.33−0.10)/TJ-1 端头顶面长度 =0.3/0.2

所以，在 DJP02 坡面 1.105 方向上的平均长度：(1.105−0.43)×0.2/0.3×1/2=0.225（m）

TJ-1 端头在 DJP 坡面上的平均长度之和：

$[(1.105−0.43)×8+(1.25−0.325)×10+(1.355−0.43)×4]×0.2/0.3×1/2 = 6.12$（m）

TJ-1 自身相交两端头应扣除长度：0.30×(6+3+1)=−3.00（m）
　　　　　　　　　　　　　　　　　　外墙上　②轴　C轴

混凝土条形基础小计：(119.4−26.76−3.0+6.12)×0.60×0.20=11.49（m³）

（2）混凝土独立基础（LTZ1 和 GZ 不涉及）：

DJP01：$[2.50^2×0.30+1/3×0.30×(0.65^2+2.50^2+2.5×0.65)]×5=13.52$（m³）

DJP02：$[2.00^2×0.30+1/3×0.30×(0.65^2+2.00^2+2.0×0.65)]×4=7.09$（m³）

混凝土独立基础小计：13.52+7.09=20.61（m³）

（3）砖条形基础：

墙体轴线总长度（详细计算见（1）中）：119.40（m）

墙体端头至柱侧壁应扣除长度：0.33×8+0.45×4+0.33×4+0.225×2=−6.21（m）
　　　　　　　　　　　　　　　四角　　外墙中柱　　中心柱

墙体自身相交两端头应扣除长度：0.12×6+0.10×5=−1.22（m）

砖条形基础小计：(0.365×0.12+0.24×1.70)×(119.4−6.21−1.22)=50.59（m³）

基础合计：11.49+20.61+50.59=82.69（m³）

条形基础：11.49+50.59=62.08m³＞独立基础 20.61m³，执行 19-1-4 子目，

基础含量：82.69/23.495=3.52m³/10m²＞3m³/10m²，不调整。

单价措施分部分项工程费用表，如表 2-29 所示。

【例 2-2-8】以 [例 2-2-1] 至 [例 2-2-7] 中的施工内容和人工、材料、机械费用为基础，按照 2019 年山东省建筑工程价目表、《山东省建设工程费用项目组成及计算规则》(2016) 中规定的定额计价计算程序，计算该工程的建筑安装工程费（本工程暂不考虑优质优价费用）。

 定额计价方式下，使用软件形成的建筑（装饰）工程费用表，见表 2-30～表 2-32。

单价措施分部分项工程费用表

表 2-29

工程名称：【例 2-2-7】　　　　　　　　　　　　标段：　　　　　　　　共 页第 页

序号	定额编号	项目名称	单位	工程量	省价人工 单价	省价人工 合价	省价人材机 单价	省价人材机 合价
1	17-1-9	外脚手架 钢管架 双排≤15m	10m²	56.388	90.20	5086.20	204.53	11533.04
	17-6-1	立挂式安全网	10m²	10.044	2.20	22.10	45.47	456.70
	17-6-2	挑出式安全网 钢管挑出	10m²	25.488	16.50	420.56	84.04	2142.02
2	17-1-6	外脚手架 钢管架 单排≤6m	10m²	1.852	50.60	93.71	119.72	221.72
3	18-1-36H	现浇混凝土矩形柱 复合木模板 钢支撑 / 二次周转	10m²	12.636	242.00	3057.91	794.83	10043.47
	18-1-48	柱支撑高度＞3.6m 每增1m 钢支撑	10m²	2.333	30.80	71.85	37.59	87.70
4	19-1-17	民用建筑垂直运输 檐高≤20m 现浇混凝土结构 标准层≤500m²	10m²	46.989	93.50	4393.48	852.67	40066.11
	19-1-4	民用建筑垂直运输 ±0.000以下无地下室 带形基础 底层≤500m²	10m²	23.495	89.10	2093.40	531.60	12489.94
5	19-3-5	自升式塔式起重机安装拆卸 檐高≤20m	台次	1.00	4400.00	4400.00	10318.60	10318.60
	19-3-18	自升式塔式起重机场外运输 檐高≤20m	台次	1.00	1650.00	1650.00	9878.44	9878.44
	19-3-1HS	C30现浇混凝土碎石＜31.5/独立式基础	10m³	1.60	1857.90	2972.64	9941.15	15905.84
	19-3-4	混凝土基础拆除	10m³	1.60	1818.30	2909.28	2286.03	3657.65
	19-3-9	卷扬机、施工电梯安装拆卸 檐高≤20m	台次	1.00	2200.00	2200.00	4210.18	4210.18
	19-3-22	卷扬机、施工电梯场外运输 檐高≤20m	台次	1.00	880.00	880.00	3711.90	3711.90
		单价措施项目小计				30251.14		124723.31

分部分项工程费汇总表

表 2-30

工程名称：【例 2-2-8】　　　　　　　　　　　　标段：　　　　　　　　共 页第 页

项目名称	省价 人工合价	省价 人材机合价	合同价 人工合价	合同价 人材机合价
由［例 2-2-1］	6171.63	20517.06		
由［例 2-2-2］	15167.63	55820.20		
由［例 2-2-3］	4611.60	29782.89		
由［例 2-2-4］	12961.80	57771.46		

续表

项目名称	省价		合同价	
	人工合价	人材机合价	人工合价	人材机合价
由［例 2-2-5］	12008.44	31431.24		
建筑分部分项工程合计	50921.09	195322.85	46291.90	190693.66
由［例 2-2-1］	48.72	227.28		
由［例 2-2-3］	143.49	620.60		
由［例 2-2-7］	30251.14	124723.31		
建筑单价措施项目合计	30443.35	125571.19	27675.77	122803.61
由［例 2-2-6］	23172.95	90859.68		
装饰分部分项工程合计	23172.95	90859.68	22207.41	89894.14

注：1. 建筑分部：合同价人工合价 = 省价人工合价 /110×100；
 2. 装饰分部：合同价人工合价 = 省价人工合价 /120×115；
 3. 合同价人材机合价 = 省价人材机合价 − 省价人工合价 + 合同价人工合价；
 4. 本表的数值因计价软件的四舍五入导致与表 2-20 有微差。

建筑工程费用表　　　　　　　表 2-31

工程名称：【例 2-2-8】　　　　　标段：　　　　　共　页第　页

序号	费用名称	计算方法	省价合价		合同价合价	
			人材机	人工	人工	人材机
一	分部分项工程费	由表 2-30	195322.85	50921.09	46291.90	190693.66
	计费基础 JD1			50921.09	—	—
二	措施项目费	2.1+2.2		31445.24	28677.66	126986.97
	计费基础 JD2			31445.24	—	—
2.1	单价措施费	由表 2-30		30443.35	27675.77	122803.61
2.2	总价措施费	（1）+（2）+（3）+（4）		1001.89	1001.89	4183.36
（1）	夜间施工费	50921.09×2.55%，其中人工 25%		324.62	324.62	1298.49
（2）	二次搬运费	50921.09×2.18%，其中人工 25%		277.52	277.52	1110.08
（3）	冬雨期施工增加费	50921.09×2.91%，其中人工 25%		370.45	370.45	1481.80
（4）	已完工程及设备保护费	195322.85×0.15%，其中人工 10%		29.30	29.30	292.98
三	其他项目费	（略）			—	
四	企业管理费	（50921.09+31445.24）×25.6%				21085.78
五	利润	（50921.09+31445.24）×15.0%				12354.95
六	规费	6.1+6.2+6.3+6.4+6.5+6.6				25303.05
6.1	安全文明施工费	（190693.66+126986.97+21085.78+12354.95）×4.47%				15695.12
6.2	社会保险费	（190693.66+126986.97+21085.78+12354.95）×1.52%				5337.04

续表

序号	费用名称	计算方法	省价合价		合同价合价	
			人材机	人工	人工	人材机
6.3	住房公积金	（46291.90+28677.66）×3.80%		青岛 规定		2848.84
6.4	环境保护税	（190693.66+126986.97+21085.78+12354.95）×0.30%				1053.36
6.5	建设项目工伤保险	（190693.66+126986.97+21085.78+12354.95）×0.105%				368.68
6.6	优质优价费用	（一+二+三+四+五）×费率				（不计算）
七	设备费	∑（设备单价×设备工程量）				—
八	税金	（一+二+三+四+五+六+七－甲供材料设备款）×9%				33878.20
九	建筑工程费用合计	一+二+三+四+五+六+七+八				410302.61

装饰工程费用表

表 2-32

工程名称：【例 2-2-8】　　　　标段：　　　　　　　　　　　共　页第　页

序号	费用名称	计算方法	省价合价		合同价合价	
			人材机	人工	人工	人材机
一	分部分项工程费	由表 2-30	90859.68	23172.95	22207.41	89894.14
	计费基础 JD1			23172.95	—	—
二	措施项目费	2.1+2.2	652.04	652.04	652.04	2689.95
	计费基础 JD2			652.04	—	—
2.1	单价措施费	由表 2-30		—	—	—
2.2	总价措施费	（1）+（2）+（3）+（4）	652.04	652.04	652.04	2689.95
（1）	夜间施工费	23172.95×3.64%，其中人工 25%	210.87	210.87	210.87	843.50
（2）	二次搬运费	23172.95×3.28%，其中人工 25%	190.02	190.02	190.02	760.07
（3）	冬雨期施工增加费	23172.95×4.10%，其中人工 25%	237.52	237.52	237.52	950.09
（4）	已完工程及设备保护费	90859.68×0.15%，其中人工 10%	13.63	13.63	13.63	136.29
三	其他项目费	（略）				—
四	企业管理费	（23172.95+652.03）×32.2%				7671.65
五	利润	（23172.95+652.03）×17.3%				4121.72
六	规费	6.1+6.2+6.3+6.4+6.5+6.6				7209.59
6.1	安全文明施工费	（89894.14+2689.95+7671.65+4121.72）×4.15%				4331.66
6.2	社会保险费	（89894.14+2689.95+7671.65+4121.72）×1.52%				1586.54
6.3	住房公积金	（22207.41+652.03）×3.80%		青岛 规定		868.66
6.4	环境保护税	（89894.14+2689.95+7671.65+4121.72）×0.30%				313.13

续表

序号	费用名称	计算方法	省价合价		合同价合价	
			人材机	人工	人工	人材机
6.5	建设项目工伤保险	（89894.14+2689.95+7671.65+4121.72）×0.105%				109.60
6.6	优质优价费用	（一+二+三+四+五）× 费率				暂不计算
七	设备费	∑（设备单价 × 设备工程量）				—
八	税金	（一+二+三+四+五+六+七－甲供材料设备款）×9%				10042.83
九	装饰工程费用合计	一+二+三+四+五+六+七+八				121629.88
	建筑、装饰工程费用合计	410302.61+121629.88				531932.49

第二节 工程量清单计量与计价

一、工程量清单计量

在清单计价方式中，一个分项工程是一个小的综合体，每一个综合体中包括多个（至少一个）消耗量定额子目，即多个（至少一个）施工过程中的基本工序。如011302001 吊顶天棚项目，既包括吊顶龙骨，也包括天棚面层等。

在清单计价方式中，清单项目的工程量由是招标人依据清单工程量计算规则计算而得的。

清单工程量计算规则（也包括与之配套的项目编码、项目名称）是全国统一的，是根据房屋构造、施工工序、方便原则和习惯分解方法解剖建筑物的规则，它不与任何定额相对应。依据清单工程量计算规则计算出的清单工程量，一般是以一个综合体为单位的综合体数量，它不能准确反映其中每一个工序的定额工程量，有些清单项目的工程量甚至是虚拟量（例如，010101003 挖沟槽土方项目等），因此，清单工程量一般不能用来指导施工。

所谓工程量清单计量，即根据清单工程量计算规则，逐一计算单位工程中每一个清单项目（综合体）的清单工程量。

以下【例2-3-1】～【例2-3-7】，分别列出了各例题所有清单工程量的计算过程（凡清单规则与定额规则相同的，直接引用［例2-1-×］的计算结果），并将计算结果集中汇总于各例题最后的分部分项工程清单与计价表中。

【例2-3-1】参照工程量计算规范，编制［例2-1-1］中涉及的土石方工程、混凝土基础工程的分部分项工程量清单，钢筋工程除外。

土壤类别为普通土，机械挖土，采用机械槽坑上作业。独立基础、条形基础均采用商品混凝土，汽车泵泵送方式浇筑。现场因施工条件限制，槽边不堆放土方，开挖后运走，运距按 1km 考虑。回填夯实，场内倒运土方，运距为 1km。

本题增加说明：基础脚手架、现浇混凝土模板、挖土机械进出场等，不计算。

计量规范附录 A.1 "注、9" 规定，挖沟槽、基坑、一般土方因工作面和放坡增加的工程量,是否并入各土方工程量中,应按各省或行业建设主管部门的规定实施。本例中不考虑工作面和放坡。

1. 挖沟槽土方,按设计图示尺寸以基础垫层底面积乘以挖土深度计算:
$$0.80 \times 25.28 \times 1.85 = 37.41（m^3）$$
2. 挖基坑土方,按设计图示尺寸以基础垫层底面积乘以挖土深度计算:
DJP01:$2.70 \times 2.70 \times 2.15 \times 3 = 47.02$（m³）
DJP02:$2.20 \times 2.20 \times 2.15 = 10.41$（m³）
合计:47.02+10.41=57.43（m³）
3. 回填方,按设计图示尺寸以体积计算:
基础回填,按挖方清单项目工程量减去自然地坪以下埋设的基础体积(包括基础垫层及其他构筑物):
沟槽回填:37.41−18.33=19.08（m³）
地坑回填:57.43−13.73=43.70（m³）
合计:19.08+43.70=62.78（m³）
4. 本例题其他清单工程量计算,同[例2-1-1],如表2-33所示:

其他清单工程量计算　　　　　　　　　　　　表2-33

项目	计量规范规则	条形	独立式	合计	泵送混凝土
混凝土垫层	同[例2-1-1]	2.02	2.67	4.69	4.74
混凝土基础		3.33	9.89	13.22	13.35
砖基础	工程量不完整	12.98	—	—	—
混凝土柱		—	1.17	—	—
合计		18.33	13.73	—	18.09

基础工程分部分项工程清单与计价,如表2-34所示:

基础工程分部分项工程清单与计价表　　　　　　表2-34

工程名称:【例2-3-1】　　　　　　　　标段:　　　　　　　共　页第　页

序号	项目编码	项目名称项目特征	计量单位	工程量	金额(元)		
					综合单价	合价	其中:暂估价
1	010101003001	挖沟槽土方 1. 土壤类别:普通土 2. 挖土深度:2m以内 3. 施工方式:挖掘机挖,人工清底 4. 弃土运距:汽车运1km以内	m³	37.41			
2	010101004001	挖地坑土方 1. 土壤类别:普通土 2. 挖土深度:3m以内 3. 施工方式:挖掘机挖,人工清底 4. 弃土运距:汽车运1km以内	m³	57.43			

续表

序号	项目编码	项目名称 项目特征	计量单位	工程量	金额（元）		
					综合单价	合价	其中：暂估价
3	010103001001	回填方 1. 密实度：满足设计要求 2. 填方材料：现场存土，买土 3. 填方粒径：满足设计要求 4. 填方运距：挖掘机装车，汽车运1km以内	m³	62.78			
4	010501001001	垫层 1. 混凝土种类：商品混凝土 2. 强度等级：C20 3. 部位：条形基础垫层	m³	2.02			
5	010501001002	垫层 1. 混凝土种类：商品混凝土 2. 混凝土强度等级：C20 3. 部位：独立基础垫层	m³	2.67			
6	010501002001	带形基础 1. 混凝土种类：商品混凝土 2. 混凝土强度等级：C30	m³	3.33			
7	010501003001	独立基础 1. 混凝土种类：商品混凝土 2. 混凝土强度等级：C30	m³	9.89			
		建筑分部分项工程小计					
8	01B001	泵送混凝土 1. 构件类型：垫层 2. 输送泵类型：汽车泵	m³	4.74			
9	01B002	泵送混凝土 1. 构件类型：基础 2. 输送泵类型：汽车泵	m³	13.35			
		单价措施项目小计					

【例2-3-2】参照工程量计算规范，编制［例2-1-2］中确定计算范围内的砌筑工程、混凝土工程、门窗工程等工程内容的分部分项工程量清单。

本题增加说明：脚手架、现浇混凝土钢筋、模板、泵送混凝土等，不计算。

 1. 木质门，按设计图示洞口尺寸以面积计算：

内墙木门洞口面积：$1.00 \times 2.10 \times 7 = 14.70$（m²）

2. 本例题其他清单工程量计算，同［例2-1-2］：

砖条形基础：15.15m³；

铝合金平开窗：33.30m²；

加气混凝土砌块墙等，如表2-35所示。

二次结构工程分部分项工程清单与计价，如表2-36所示。

【例2-3-3】参照工程量计算规范，编制［例2-1-3］中计算范围内的工程内容的分部分项工程量清单。混凝土均采用商品混凝土，汽车泵泵送方式浇筑。

加气混凝土砌块墙等

表 2-35

墙别	毛面积	扣门窗	净面积	净体积	扣梁	过梁	构造柱	压顶	合计
	m²			m³					
240 外墙	156.27	33.30	122.97	29.51	—	1.10	0.79	—	26.30
200 内墙	180.64	14.70	165.94	33.19	—	0.23	1.14	0.97	32.17
合计						1.33	1.93	1.70	58.47

二次结构工程分部分项工程清单与计价表

表 2-36

工程名称：【例 2-3-2】　　　　　　　　　　　　　标段：　　　　　　　　　共　页第　页

序号	项目编码	项目名称 项目特征	计量单位	工程量	金额（元）		
					综合单价	合价	其中：暂估价
1	010401001 001	砖基础 1. 砖品种、规格：煤矸石普通砖 240×115×53 2. 基础类型：条形 3. 砂浆强度等级：M7.5 水泥砂浆，毛砂过筛	m³	15.15			
2	010402001 001	砌块墙 1. 砌块品种：加气混凝土砌块 2. 墙体类型：外墙，内墙 3. 砂浆强度等级：M5.0 混合砂浆，毛砂过筛	m³	58.47			
3	010807001 001	铝合金平开窗 1. 窗代号：平开 单层 2. 框、扇材质：断桥隔热铝合金 3. 玻璃品种：中空玻璃	m²	33.30			
4	010801001 001	木平开门 1. 门代号及洞口尺寸：木门，1000×2100（mm） 镶嵌玻璃品种：普通	m²	14.70			
5	010503005 001	过梁 1. 混凝土种类：商品混凝土 2. 混凝土强度等级：C25	m³	1.33			
6	010502002 001	构造柱 1. 混凝土种类：商品混凝土 2. 混凝土强度等级：C25	m³	1.93			
7	010507005 001	压顶 1. 混凝土种类：商品混凝土 2. 混凝土强度等级：C25	m³	1.70			
		建筑分部分项工程小计					

本题增加说明：脚手架、现浇混凝土钢筋、模板等，不计算。

 本例题清单工程量计算，同［例 2-1-3］，如下：

现浇混凝土 C30 矩形柱：11.96m³
现浇混凝土 C30 有梁板：36.15m³
柱梁板泵送混凝土：48.31m³
混凝土工程分部分项工程清单与计价，如表 2-37 所示。

混凝土工程分部分项工程清单与计价表　　　　　　　表 2-37

工程名称：【例 2-3-3】　　　　　　　　　　标段：　　　　　　　共　页第　页

序号	项目编码	项目名称 项目特征	计量单位	工程量	金额（元）		
					综合单价	合价	其中：暂估价
1	010502001001	矩形柱 1. 混凝土种类：商品混凝土 2. 混凝土强度等级：C30	m³	11.96			
2	010505001001	有梁板 1. 混凝土种类：商品混凝土 2. 混凝土强度等级：C30	m³	36.15			
		建筑分部分项工程小计					
3	01B003	泵送混凝土 1. 构件类型：柱梁板 2. 输送泵类型：汽车泵	m³	48.31			
		单价措施项目小计					

【例 2-3-4】 参照工程量计算规范，编制［例 2-1-4］计算范围内屋面保温、防水、找平的分部分项工程量清单。

本题增加说明：泵送混凝土等，不计算。

解 1. 保温隔热层屋面，按设计图示尺寸以面积计算，扣除面积 > 0.3m² 孔洞及占位面积：

1 : 10 水泥珍珠岩找坡：(15.84−0.24) × (14.64−0.24) −0.96×0.96=223.72（m²）

2. 本例题其他清单工程量计算，同［例 2-1-4］，如下：

挤塑聚苯板岩棉板保温层：223.72m²；细石混凝土刚性层：224.64m²

水泥砂浆刚性层：224.64m²；水泥砂浆找平层：241.72m²

SBS 卷材防水层：242.64m²

屋面工程分部分项工程清单与计价，如表 2-38 所示。

屋面工程分部分项工程清单与计价表　　　　　　　表 2-38

工程名称：【例 2-3-4】　　　　　　　　　　标段：　　　　　　　共　页第　页

序号	项目编码	项目名称 项目特征	计量单位	工程量	金额（元）		
					综合单价	合价	其中：暂估价
1	011001001001	保温隔热屋面 1. 材料品种：水泥珍珠岩 1 : 10 2. 厚度：最薄处 30，找坡 2%	m²	223.72			

续表

序号	项目编码	项目名称 项目特征	计量单位	工程量	金额（元）		
					综合单价	合价	其中：暂估价
2	011001001002	保温隔热屋面 1. 材料品种：挤塑聚苯板，岩棉板隔离带 2. 材料厚度：厚100 3. 做法：干铺	m²	223.72			
3	010902003001	屋面刚性层 1. 刚性层厚度：40mm 2. 混凝土种类：C20细石混凝土	m²	224.64			
4	010902003002	屋面刚性层 1. 刚性层厚度：20mm 2. 混凝土种类：M15水泥砂浆 3. 嵌缝材料种类：1×1(m)分格，密封膏嵌缝	m²	224.64			
5	011101006001	砂浆找平层 1. 找平层厚度：20厚1：2.5水泥砂浆 2. 部位：水泥珍珠岩上找平	m²	241.72			
6	010902001001	屋面卷材防水 1. 卷材品种：4厚SBS改性沥青防水卷材（翻墙300），附加层布置（平面250，立面300） 2. 防水层数：两道 3. 防水层做法：热熔	m²	242.64			
		建筑分部分项工程小计					

【例 2-3-5】参照工程量计算规范，编制［例 2-1-5］计算范围内的外墙保温层的分部分项工程量清单。

 本例题清单工程量计算，同［例 2-1-5］，如下：

50 厚挤塑聚苯板：238.94m²

20 厚玻化微珠保温砂浆：14.80m²

外墙保温工程分部分项工程清单与计价，如表 2-39 所示。

外墙保温工程分部分项工程清单与计价表　　　表 2-39

工程名称：【例 2-3-5】　　　　　　　　　　　标段：　　　　　　　共　页第　页

序号	项目编码	项目名称 项目特征	计量单位	工程量	金额（元）		
					综合单价	合价	其中：暂估价
1	011001003001	保温隔热墙面 1. 保温部位：外墙保温 2. 材料品种：胶粘剂满粘50厚挤塑聚苯板 3. 保护层：30厚胶粉聚苯颗粒保温砂浆 4. 增强层：6厚抗裂砂浆，耐碱玻璃纤维网布一层	m²	238.94			

续表

序号	项目编码	项目名称 项目特征	计量单位	工程量	金额（元）		
					综合单价	合价	其中：暂估价
2	011001003002	保温隔热墙面 1. 保温部位：门窗洞口侧壁 2. 材料品种：20厚玻化微珠保温砂浆 3. 增强层：6厚抗裂砂浆，耐碱玻璃纤维网布一层 建筑分部分项工程小计	m²	14.80			

【例 2-3-6】参照工程量计算规范，编制［例 2-1-6］计算范围内装饰工程的分部分项工程量清单。

本题增加说明：地面钢筋网片、装饰脚手架，不计算。块料面层地面，不考虑房间形状和块料排板问题。

解 本例题清单工程量计算，同［例 2-1-6］，如下：

1. 会议室地面防滑地砖：$50.83m^2$；踢脚线瓷砖：$4.16m^2$

墙面一般抹灰：$106.90m^2$；墙面喷刷仿瓷涂料：$106.90m^2$

天棚喷刷仿瓷涂料：$54.49m^2$

2. 卫生间地面防滑地砖：$17.37m^2$；厕所蹲台防滑地砖：$5.54m^2$

墙面贴面砖：103.56+1.93=105.49（m^2）；天棚PVC板吊顶：$21.63m^2$

3. 外墙面真石漆：$583.19m^2$

装饰工程分部分项工程清单与计价，如表 2-40 所示。

装饰工程分部分项工程清单与计价表　　　　　　表 2-40

工程名称：【例 2-3-6】　　　　　　　　标段：　　　　　　　　共 页第 页

序号	项目编码	项目名称 项目特征	计量单位	工程量	金额（元）		
					综合单价	合价	其中：暂估价
1	011102003001	块料楼地面 1. 面层：800×800防滑地砖铺实，稀水泥浆擦缝 2. 结合层：20厚1:3干硬性水泥砂浆，素水泥浆一遍 3. 找平层：50厚C20细石混凝土找平 4. 部位：会议室	m²	50.83			
2	011105003001	块料踢脚线 1. 面层：全瓷瓷砖块长800，高150 2. 结合层：3厚1:1水泥砂浆加水重20%建筑胶，素水泥浆一道 3. 找平层：7厚1:3水泥砂浆，6厚1:2水泥砂浆 4. 基层处理：2厚专用界面剂 5. 部位：会议室	m²	4.16			

续表

序号	项目编码	项目名称 项目特征	计量单位	工程量	金额（元）		
					综合单价	合价	其中：暂估价
3	011201001001	墙面一般抹灰 1. 面层：6厚1：0.5：3水泥石灰砂浆压实抹平 2. 基层：7厚1：1：6水泥石灰砂浆 3. 基层处理：2厚专用界面剂 4. 部位：会议室	m²	106.90			
4	011407001001	墙面喷刷涂料 1. 面层：紫色仿瓷涂料 2. 喷刷遍数：两遍 3. 部位：会议室	m²	106.90			
5	011407002001	天棚喷刷涂料 1. 面层材料：白色仿瓷涂料两遍 2. 腻子种类及要求：2厚成品腻子两遍 3. 部位：会议室 4. 涂料品种、喷刷遍数：仿瓷涂料两遍	m²	54.49			
6	011102003002	块料楼地面 1. 面层：800×800防滑地砖铺实，稀水泥浆擦缝 2. 结合层：20厚1：3干硬性水泥砂浆 3. 找平层：50厚C20细石混凝土找平 4. 部位：卫生间	m²	17.37			
7	011108003001	块料零星项目 1. 面层：800×800防滑地砖铺实，稀水泥浆擦缝 2. 结合层：20厚1：3干硬性水泥砂浆 3. 部位：卫生间厕所蹲台	m²	5.54			
8	011204003001	块料墙面 1. 面层：5厚面砖，白水泥擦缝，阴阳角45°对缝 2. 结合层：3厚1：1水泥砂浆加水重20%建筑胶，素水泥浆一道 3. 找平层：6厚1：0.5：2水泥石灰砂浆，7厚1：1：6水泥石灰砂浆 4. 基层处理：2厚界面剂 5. 部位：卫生间及门窗侧壁	m²	105.49			
9	011302001001	吊顶天棚 1. 面层：8厚PVC板面层 2. 龙骨：不上人U形轻钢龙骨双层骨架，主龙骨中距1000，次龙骨中距600，横撑龙骨中距600 3. 部位：卫生间	m²	21.63			
10	011407001002	墙面喷刷涂料 1. 面层：外墙真石漆 2. 喷刷遍数：三遍 3. 部位：下部深驼色，上部及女儿墙米黄色	m²	583.19			
		装饰分部分项工程小计					

【例2-3-7】参照工程量计算规范，编制［例2-1-7］计算范围内措施项目的单价措施项目清单。

解 本例题清单工程量计算，同［例2-1-7］，如下：

整体外脚手架：563.88m²；框架柱外脚手架：18.52m²

矩形柱复合木模板：126.36m²；建筑物垂直运输：469.89m²

自升式塔式起重机进出场：1台次；卷扬机进出场：1台次

单价措施工程分部分项工程清单与计价，如表2-41所示。

单价措施工程分部分项工程清单与计价表　　　　　　　表2-41

工程名称：【例2-3-7】　　　　　　　标段：　　　　　　　共　页第　页

序号	项目编码	项目名称 项目特征	计量单位	工程量	金额（元）		
					综合单价	合作	其中：暂估价
1	011701002001	外脚手架 1. 搭设方式：双排 2. 搭设高度：15m以内 3. 脚手架材质：钢管 4. 部位：外墙 5. 层间平挂式安全网 6. 外围挑出式安全网	m²	563.88			
2	011701002002	外脚手架 1. 搭设方式：单排 2. 搭设高度：6m以内 3. 脚手架材质：钢管 4. 部位：框架柱	m²	18.52			
3	011702002001	矩形柱 1. 模板材质：复方合木模板 2. 支撑材质：钢支撑 3. 支撑高度：顶标高7.8m 4. 周转次数：两次	m²	126.36			
4	011703001001	垂直运输 1. 建筑类型：民用建筑 2. 结构形式：框架结构 3. 檐高：8.8m，两层	m²	469.89			
5	011705001001	塔式起重机进出场及安拆 1. 机械名称：自升式塔式起重机 2. 机械规格：20m以内 3. 塔式起重机基础C30及拆除	台次	1.00			
6	011705001002	卷扬机进出场及安拆 1. 机械名称：卷扬机 2. 机械规格：20m以内	台次	1.00			
		单价措施项目小计					

二、工程量清单计价

1. 在清单计量的基础上，清单计价按下列步骤依次进行：

（1）根据每一个清单项目（综合体）的项目特征，组成清单项目（综合体）的综合单价。

（2）将清单项目的综合单价，依次填入清单与计价表，计算分部分项工程费：

分部分项工程费 =∑ 分项工程费 =∑ 分项工程综合单价 × 清单工程量

（3）针对整个单位工程的全部清单项目，集中进行取费（总价措施费、规费、税金）计算：

总价措施费（规费、税金）= 分部分项工程费中规定基数 × 相应费率

（4）计算单位工程造价：

单位工程造价 = 分部分项工程费＋总价措施费＋规费＋税金

2. 清单计价的核心工作，是运用综合单价分析表组成清单项目的综合单价：

（1）综合单价的组价，按下列步骤依次进行：

1）根据清单项目的项目特征，确定清单项目应该包括的所有（至少一个）定额分项工程（子目）。

2）根据每一个定额分项工程（子目）的项目特征，计算定额工程量，套用定额价目表单价，计算相应分项工程费（人工费、材料费和机械费，与定额计价步骤相同）。

3）针对清单项目包括的所有定额分项工程（子目），计算企业管理费、利润。

企业管理费、利润 =∑ 分项工程费中规定基数 × 相应费率

4）计算清单项目的综合单价：

综合单价 =∑ 分项工程费（人工费、材料费和机械费）＋企业管理费＋利润

（2）综合单价分析表的运算方法，分为先除法、后除法、中间除法三种。

1）先除法（也称正算法），如表 2-42 所示。

① 逐一计算清单项目单位工程量所含定额工程量的含量。

单位含量 = 定额总工程量 / 清单工程量

② 以清单项目单位含量为定额子目的工程量，套用相应定额子目，其计算结果为人工费、材料费、机械费的分项单价，记入"综合单价组成"相应栏目中。

③ 计算管理费、利润，记入"综合单价组成"相应栏目中。

④ 计算五项费用之和，形成综合单价。

先除法的优点：

①"综合单价组成"部分表现分项单价，与综合单价分析表的名称一致，相互关系清晰，便于核对。

② 各定额子目的工程量为清单单位含量，"综合单价组成"部分所表现的分项单价绝对值相对较小，形成的表格相对规整。

先除法的缺点：

① 各定额子目的工程量为清单单位含量，不是总工程量，不直观，核价时需要另行追溯定额总工程量。

② 当定额总工程量较小时，其清单单位含量须保留多位有效数字（小数），否则将会产生计算误差。

2）后除法（也称反算法），如表 2-43 所示。

综合单价分析表（先除法）

表 2-42

工程名称：综合单价组价示例　　　　　　　　　标段：　　　　　　　　　共　页 第　页

序号	项目编码	项目名称 项目特征	单位	工程量		综合单价组成（元）					综合单价（元）
				总量	含量	人工单价	人工合价	材机单价	材机合价	计费基础	管理利润	
1	010402 001001	加气混凝土砌块墙 1.品种：加气混凝土砌块 2.M5.0混合砂浆，毛砂过筛	m³	58.47	1.00		157.62		290.26	173.38	70.39	518.28
	4-2-1	M5.0 混合砂浆加气混凝土砌块墙	10m³	5.847	0.10	1543.00	154.30	2902.60	290.26			
	1-4-6	毛砂过筛	10m³	0.605	0.0103472	321.00	3.32	0.00	0.00			
2	011702 002001	矩形柱模板 1.材质：复合木模板 2.支撑：钢支撑 3.高度：柱顶7.8m	m²	126.36	1.00		22.52		55.41	24.77	10.06	87.98
	18-1- 36H	矩形柱复合木模板钢支撑	10m²	12.636	0.10	220.00	22.00	552.83	55.28			
	18-1-48	柱支撑高度>3.6m 每增1m 钢支撑	10m²	2.333	0.0184631	28.00	0.52	6.79	0.13			

注：1. 为展示计算过程，本表增加了"总量""人工单价""材机单价"三列，并合并了材料和机械；

　　其中：总量=表2-14 工程量
　　　　　人工单价=表2-14 合同价人工单价
　　　　　材机单价=表2-14 合同价人材机单价-合同价人工单价

2. 含量=总量/清单工程量；
3. 定额合价=相应单价×含量；
4. 清单项目合价=∑定额子目合价（竖向求和）；
5. 计算基础=∑（表2-14省份子目人工单价×含量）（竖向求和，表中未体现每个子目的乘积）；
6. 管理费利润=计算基础×（管理费率+利润率）；
7. 综合单价=清单项目人工合价+清单项目材机合价+管理费利润。

综合单价分析表（后除法）

表 2-43

工程名称：综合单价组成示例　　　　标段：　　　　　　　　　共　页第　页

序号	项目编码	项目名称项目特征	单位	工程量	综合单价组成（元）							综合单价（元）
					人工单价	人工合价	材机单价	材机合价	计费基础	管理利润		
1	010402001001	加气混凝土砌块墙 1. 品种：加气混凝土砌块 2. M5.0混合砂浆，毛砂过筛	m³	58.47		9216.13		16971.50	10137.7386	4115.92		518.28
	4-2-1	M5.0混合砂浆加气混凝土砌块墙	10m³	5.847	1543.00	9021.92	2902.60	16971.50				
	1-4-6	毛砂过筛	10m³	0.605	321.00	194.21	0.00	0.00				
2	011702002001	矩形柱模板 1. 材质：复合木模板 2. 支撑：钢支撑 3. 高度：柱顶 7.8m	m²	126.36		2845.24		7001.40	3129.77	1270.69		87.98
	18-1-36H	矩形柱复合木模板钢支撑	10m²	12.636	220.00	2779.92	552.83	6985.56				
	18-1-48	柱支撑高度＞3.6m 每增1m 钢支撑	10m²	2.333	28.00	65.32	6.79	15.84				

注：1. 为展示计算过程，本表增加了"人工单价""材机单价"两列，并合并了材料和机械。
　　其中：人工单价=表2-14合同价人工单价；
　　　　　材机单价=表2-14合同价人材机单价－合同价人工单价
2. 定额子目合价=相应子目合价×工程量；
3. 清单项目合价=∑（表2-14定额子目合价×工程量）（竖向求和）；
4. 计算基础=∑（表2-14定额子目合价×工程量）（竖向求和，表中未体现每个子目乘积）；
5. 管理费利润=计算基础×（管理费率+利润率）；
6. 综合单价=清单项目（人工合价+材机合价+管理费利润）/清单工程量。

① 以定额总工程量，套用相应定额子目，其计算结果为人工费、材料费、机械费的分项合价，记入"综合单价组成"相应栏目。

② 计算管理费、利润，记入"综合单价组成"相应栏目。

③ 计算五项费用合价之和，并计算、形成综合单价。

$$综合单价 = 五项费用合价之和 / 清单工程量$$

后除法的优点：

① 各定额子目的工程量为总工程量，直观，核价时不需要另行追溯。

② 当定额总工程量较小时，其合价绝对值相对较大，计算误差相对较小，计算结果相对准确。

后除法的缺点：

① "综合单价组成"部分表现分项合价，与综合单价分析表的名称不符。

② 各定额子目的工程量为总工程量，"综合单价组成"部分所表现的分项合价绝对值相对较大，形成的表格不规整。

3）中间除法，如表 2-44 所示。

中间除法的要点是：既不是首先除，也不是最后除。

① 以定额总工程量，套用相应定额子目，在计算人工费、材料费、机械费的分项单价（包括计算基础）的过程中，各分别除以清单工程数量，并将计算结果记入"综合单价组成"相应栏目中。

$$人、材、机的分项单价 = （价目表的人、材、机单价 \times 总工程量）/ 清单工程量$$

② 计算管理费、利润，记入"综合单价组成"相应栏目。

③ 计算五项费用之和，形成综合单价。

以下【例 2-4-1】～【例 2-4-7】，首先列出了各例题所有清单项目的综合单价分析表，然后将综合单价分析表确定的综合单价分别记入各例题的分部分项工程清单与计价表中，形成分部分项工程费。

【例 2-4-8】是［例 2-4-1］～［例 2-4-7］的汇总和相应取费计算。

说明：

① 由于表格格式限制，本节"综合单价分析表"的综合单价组成栏，未列出"计费基础"一列。计费基础是计算企业管理费、利润的基础，它的金额应为：

$$计费基础 = 综合单价组成中的人工费 / 合同工日单价 \times 价目表工日单价$$

$$综合单价组成中的管理费利润 = 计费基础 \times （企业管理费率 + 利润率）$$

② 为展示下文取费计算过程，本节"分部分项工程清单与计价表"右侧增加了"其中：人工单价、人工合价"两列，且人工单价 = "综合单价分析表"中综合单价组成中的人工费，

$$人工合价 = 人工单价 \times 清单工程量$$

【例 2-4-1】参照［例 2-1-1］定额工程量计算及［例 2-2-1］定额套用，以 2019 年山东省建筑工程价目表，计算［例 2-3-1］中清单项目的综合单价和分部分项工程费。

解 基础工程综合单价分析表，如表 2-45 所示；基础工程分部分项工程清单与计价表，如表 2-46 所示。

第二章 成本管理

综合单价组价示例

综合单价分析表（中间除法）

表 2-44

工程名称：综合单价示例　　标段：　　共　页　第　页

序号	项目编码	项目名称 项目特征	单位	工程量	综合单价组成（元）						综合单价（元）
					人工单价	人工合价	材机单价	材机合价	计费基础	管理利润	
1	010402001001	加气混凝土砌块墙 1.品种：加气混凝土砌块 2.M5.0混合砂浆，毛砂过筛	m³	58.47		157.62		290.26	173.38	70.39	518.28
	4-2-1	M5.0混合砂浆加气混凝土砌块墙	10m³	5.847	1543.00	154.30	2902.60	290.26			
	1-4-6	毛砂过筛	10m³	0.605	321.00	3.32	0.00	0.00			
2	011702002001	矩形柱模板 1.材质：复合木模板 2.支撑：钢支撑 3.高度：柱顶7.8m	m²	126.36		22.52		55.41	24.77	10.06	87.98
	18-1-36H	矩形柱复合木模板钢支撑	10m²	12.636	220.00	22.00	552.83	55.28			
	18-1-48	柱支撑高度>3.6m每增1m钢支撑	10m²	2.333	28.00	0.52	6.79	0.13			

注：1. 为展示计算过程，本表增加了"人工单价""材机单价"两列，并合并了材料和机械。
其中：人工单价=表2-14合同价人工单价
材机单价=表2-14合同价人材机单价－合同价人工单价
2. 定额子目合价＝相应单价 × 工程量（表2-14定额子目工程量/清单工程量）
3. 清单项目合价＝∑（表2-14省价人工单价 × 工程量）（竖向求和）
4. 计算基础＝∑（表2-14省价人工合价 × 工程量）/清单工程量（竖向求和，表中未体现每个子目乘积）；
5. 管理费利润＝计算基础 ×（管理费率＋利润率）；
6. 综合单价＝清单项目人工合价＋清单项目材机合价＋管理费利润。

基础工程综合单价分析表

表 2-45

工程名称:【例 2-4-1】　　　　　　　　　　标段:　　　　　　　　　共 页第 页

序号	项目编码	项目名称 项目特征	单位	工程量	综合单价组成(元)				综合单价(元)
					人工费	材料费	机械费	管理利润	
1	010101003001	挖沟槽土方 1. 土壤类别普通土 2. 挖土深度:2m 内	m³	37.41	15.34	0.19	28.83	6.85	51.21
	1-2-45H	挖掘机挖装槽坑土方 普通土(0.90 倍)	10m³	10.415	2.26		12.54		
	1-2-6 H	人工清理修整(沟槽土)(0.13 倍)	10m³	10.415	12.25				
	1-2-58	自卸汽车运土方 运距≤1km	10m³	10.415	0.84	0.19	16.28		
2	010101004001	挖地坑土方 1. 土壤类别普通土 2. 挖土深度:2m 内	m³	57.43	21.36	0.19	26.71	9.54	57.79
	1-2-45H	挖掘机挖装槽坑土方 普通土(0.85 倍)	10m³	15.183	2.02		11.25		
	1-2-11H	人工清理修整(坑土)(0.19 倍)	10m³	15.183	18.54				
	1-2-58	自卸汽车运土方 运距≤1km	10m³	15.183	0.79	0.19	15.46		
3	010103001001	回填方 1. 密实度要求:夯填土 2. 填方材料品种:现场存土,买土	m³	62.78	40.59	0.94	45.74	18.13	105.41
	1-4-13	夯填土 机械 槽坑	10m³	22.392	35.67		9.64		
	1-2-53	挖掘机装车 土方	10m³	25.751	3.69		12.11		
	1-2-58	自卸汽车运土方 运距≤1km	10m³	25.751	1.23	0.28	23.99		
	04090047	黏土	m³	1.99		0.66			
4	010501001001	条形基础垫层 1. 混凝土种类:商品混凝土 2. 混凝土强度等级:C20	m³	2.02	87.15	472.88	0.67	38.92	599.62
	2-1-28HS	C20 现浇混凝土碎石<40/垫层/条形基础(人、机×1.05)[商品混凝土]	10m³	0.202	87.15	472.88	0.67		
5	010501001002	独立基础垫层 1. 混凝土种类:商品混凝土 2. 混凝土强度等级:C20	m³	2.67	91.30	472.88	0.70	40.78	605.66
	2-1-28HS	C20 现浇混凝土碎石<40/垫层/独立基础(人、机×1.10)[商品混凝土]	10m³	0.267	91.30	472.88	0.70		
6	010501002001	带形基础 1. 混凝土种类:商品混凝土 2. 混凝土强度等级:C30	m³	3.33	67.30	493.24	0.46	30.06	591.06

续表

序号	项目编码	项目名称 项目特征	单位	工程量	综合单价组成（元）				综合单价（元）
					人工费	材料费	机械费	管理利润	
6		5-1-4S C30现浇混凝土碎石＜40/带形基础［商品混凝土］	10m³	0.333	67.30	493.24	0.46		
7	010501003001	独立基础 1. 混凝土种类：商品混凝土 2. 混凝土强度等级：C30	m³	9.89	62.50	496.90	0.46	27.91	587.77
	5-1-6S	C30现浇混凝土碎石＜40/独立基础［商品混凝土］	10m³	0.989	62.50	496.90	0.46		
8	01B001	泵送混凝土 1. 构件类型：垫层 2. 输送泵类型：汽车泵	m³	4.74	5.40	1.69	12.14	2.41	21.64
	5-3-14	泵送混凝土 其他构件 泵车	10m³	0.474	5.40	1.69	12.14		
9	01B002	泵送混凝土 1. 构件类型：基础 2. 输送泵类型：汽车泵	m³	13.35	1.40	1.69	6.78	0.62	10.49
	5-3-10	泵送混凝土 基础 泵车	10m³	1.335	1.40	1.69	6.78		

基础工程分部分项工程清单与计价表　　表2-46

工程名称：【例2-4-1】　　　　　　　　　　　标段：　　　　　　　共　页第　页

序号	项目编码	项目名称 项目特征	计量单位	工程量	金额（元）		其中：人工	
					综合单价	合价	单价	合价
1	010101003001	挖沟槽土方 1. 土壤类别：普通土 2. 挖土深度：2m以内 3. 施工方式：挖掘机挖，人工清底 4. 弃土运距：汽车运1km内	m³	37.41	51.21	1915.77	15.34	573.87
2	010101004001	挖地坑土方 1. 土壤类别：普通土 2. 挖土深度：3m以内 3. 施工方式：挖掘机挖，人工清底 4. 弃土运距：汽车运1km内	m³	57.43	57.79	3318.88	21.36	1226.70
3	010103001001	回填方 1. 密实度：满足设计要求 2. 填方材料：现场存土，买土 3. 填方粒径：满足设计要求 4. 填方运距：挖掘机装车，汽车运1km以内	m³	62.78	105.41	6617.33	40.59	2548.21
4	010501001001	垫层 1. 混凝土种类：商品混凝土 2. 强度等级：C20 3. 部位：条形基础垫层	m³	2.02	599.62	1211.23	87.15	176.04

续表

序号	项目编码	项目名称 项目特征	计量单位	工程量	金额（元）		其中：人工	
					综合单价	合价	单价	合价
5	010501001002	垫层 1. 混凝土种类：商品混凝土 2. 混凝土强度等级：C20 3. 部位：独立基础垫层	m^3	2.67	605.66	1617.11	91.30	243.77
6	010501002001	带形基础 1. 混凝土种类：商品混凝土 2. 混凝土强度等级：C30	m^3	3.33	591.06	1968.23	67.30	224.11
7	010501003001	独立基础 1. 混凝土种类：商品混凝土 2. 混凝土强度等级：C30	m^3	9.89	587.77	5813.05	62.50	618.13
		建筑分部分项工程小计				22461.60		5610.83
8	01B001	泵送混凝土： 1. 构件类型：垫层 2. 输送泵类型：汽车泵	m^3	4.74	21.64	102.57	5.40	25.60
9	01B002	泵送混凝土： 1. 构件类型：基础 2. 输送泵类型：汽车泵	m^3	13.35	10.49	140.04	1.40	18.69
		单价措施项目小计				242.62		44.29
		[例 2-4-1] 合计				22704.21		5655.12

【例 2-4-2】参照 [例 2-1-2] 定额工程量计算及 [例 2-2-2] 定额套用，以 2019 年山东省建筑工程价目表，计算 [例 2-3-2] 中清单项目的综合单价和分部分项工程费。

解 二次结构工程综合单价分析表，如表 2-47 所示；二次结构工程分部分项工程清单与计价表，如表 2-48 所示。

二次结构工程综合单价分析表 表 2-47

工程名称：【例 2-4-2】　　　　　　　　　　　　标段：　　　　　　共　页第　页

序号	项目编码	项目名称 项目特征	单位	工程量	综合单价组成（元）				综合单价（元）
					人工费	材料费	机械费	管理利润	
1	010401001001	砖基础 1. 砖品种、规格：煤矸石普通砖 240×115×53 2. 基础类型：条形（以下略）	m^3	15.15	117.52	364.15	5.37	52.48	539.52
	4-1-1H	水泥砂浆 M7.5/砖基础	$10m^3$	1.515	109.70	364.15	5.37		
	1-4-6	毛砂过筛	$10m^3$	0.369	7.82				

续表

序号	项目编码	项目名称 项目特征	单位	工程量	综合单价组成（元）				综合单价（元）
					人工费	材料费	机械费	管理利润	
2	010402001001	砌块墙 1. 砌块品种：加气混凝土砌块 2. 墙体类型：外墙内墙	m³	58.47	157.62	287.99	2.27	70.40	518.28
	4-2-1	混合砂浆 M5.0/加气混凝土砌块墙	10m³	5.847	154.30	287.99	2.27		
	1-4-6	毛砂过筛	10m³	0.605	3.32				
3	010807001001	铝合金平开窗 1. 窗代号：平开 单层 2. 框、扇材质：断桥隔热铝合金	m²	33.30	30.80	282.89	0.00	13.75	327.44
	8-7-2	铝合金 平开窗	10m²	3.33	30.80	282.89			
4	010801001001	木平开门 1. 门代号及洞口尺寸：木门，1000×2100（mm） 2. 镶嵌玻璃品种：普通	m²	14.70	24.10	416.27	0.00	10.76	451.13
	8-1-2	成品木门框安装	10m	3.668	11.73	38.81			
	8-1-3	普通成品门扇安装	10m²	1.254	12.37	377.46			
5	010503005001	过梁 1. 混凝土种类：商品混凝土 2. 混凝土强度等级：C25	m³	1.33	302.40	563.57	0.54	135.05	1001.56
	5-1-22HS	C25 现浇混凝土碎石＜20/过梁[商品混凝土]	10m³	0.133	302.40	563.57	0.54		
6	010502002001	构造柱 1. 混凝土种类：商品混凝土 2. 混凝土强度等级：C25	m³	1.93	297.90	476.13	1.71	133.04	908.79
	5-1-17HS	C25 现浇混凝土碎石＜31.5/构造柱[商品混凝土]	10m³	0.193	297.90	476.13	1.71		
7	010507005001	压顶 1. 混凝土种类：商品混凝土 2. 混凝土强度等级：C25	m³	1.70	256.00	511.87	0.54	114.33	882.74
	5-1-21HS	C25 现浇混凝土碎石＜20/压顶[商品混凝土]	10m³	0.17	256.00	511.87	0.54		

二次结构工程分部分项工程清单与计价表　　　　　　　表 2-48

工程名称：【例 2-4-2】　　　　　　　　　　　标段：　　　　　　　共　页第　页

序号	项目编码	项目名称 项目特征	计量单位	工程量	金额（元）		其中：人工	
					综合单价	合价	单价	合价
1	010401001001	砖基础 1. 砖品种、规格：煤矸石普通砖 240×115×53 2. 基础类型：条形 3. 砂浆强度等级：M7.5 水泥砂浆，毛砂过筛	m^3	15.15	539.52	8173.73	117.52	1780.43
2	010402001001	砌块墙 1. 砌块品种：加气混凝土砌块 2. 墙体类型：外墙，内墙 3. 砂浆强度等级：M5.0 混合砂浆，毛砂过筛	m^3	58.47	518.28	30303.83	157.62	9216.04
3	010807001001	铝合金平开窗 1. 窗代号：平开 单层 2. 框、扇材质：断桥隔热铝合金 3. 玻璃品种：中空玻璃	m^2	33.30	327.44	10903.75	30.80	1025.64
4	010801001001	木平开门 1. 门代号及洞口尺寸：木门，1000×2100（mm） 2. 镶嵌玻璃品种：普通	m^2	14.70	451.13	6631.61	24.10	354.27
5	010503005001	过梁 1. 混凝土种类：商品混凝土 2. 混凝土强度等级：C25	m^3	1.33	1001.56	1332.08	302.40	402.19
6	010502002001	构造柱 1. 混凝土种类：商品混凝土 2. 混凝土强度等级：C25	m^3	1.93	908.79	1753.96	297.90	574.95
7	010507005001	压顶 1. 混凝土种类：商品混凝土 2. 混凝土强度等级：C25	m^3	1.70	882.74	1500.66	256.00	435.20
		建筑分部分项工程小计				60599.62		13788.72

【例 2-4-3】 参照［例 2-1-3］定额工程量计算及［例 2-2-3］定额套用，以 2019 年山东省建筑工程价目表，计算［例 2-3-3］中清单项目的综合单价和分部分项工程费。

解 混凝土工程综合单价分析表，如表 2-49 所示；混凝土工程分部分项工程清单与计价表，如表 2-50 所示。

【例 2-4-4】 参照［例 2-1-4］定额工程量计算及［例 2-2-4］定额套用，以 2019 年山东省建筑工程价目表，计算［例 2-3-4］中清单项目的综合单价和分部分项工程费。

解 屋面工程综合单价分析表，如表 2-51 所示；屋面工程分部分项工程清单与计价表，如表 2-52 所示。

混凝土工程综合单价分析表

表 2-49

工程名称:【例 2-4-3】　　　　　　　　　　　标段:　　　　　　　　共　页第　页

序号	项目编码	项目名称 项目特征	单位	工程量	综合单价组成（元）				综合单价（元）
					人工费	材料费	机械费	管理利润	
1	010502001001	矩形柱 1. 混凝土种类：商品混凝土 2. 混凝土强度等级：C30	m³	11.96	172.20	485.68	1.26	76.90	736.05
	5-1-14S	C30 现浇混凝土碎石＜31.5/矩形柱［商品混凝土］	10m³	1.196	172.20	485.68	1.26		
2	010505001001	有梁板 1. 混凝土种类：商品混凝土 2. 混凝土强度等级：C30	m³	36.15	59.00	534.65	0.55	26.35	620.55
	5-1-31S	C30 现浇混凝土碎石＜20/有梁板［商品混凝土］	10m³	3.615	59.00	534.65	0.55		
3	01B003	泵送混凝土 1. 构件类型：柱梁板 2. 输送泵类型：汽车泵	m³	48.31	2.70	1.69	8.19	1.21	13.79
	5-3-12	泵送混凝土 柱梁板 泵车	10m³	4.831	2.70	1.69	8.19		

混凝土工程分部分项工程清单与计价表

表 2-50

工程名称:【例 2-4-3】　　　　　　　　　　　标段:　　　　　　　　共　页第　页

序号	项目编码	项目名称 项目特征	计量单位	工程量	金额（元）		其中：人工	
					综合单价	合价	单价	合价
1	010502001001	矩形柱 1. 混凝土种类：商品混凝土 2. 混凝土强度等级：C30	m³	11.96	736.05	8803.10	172.20	2059.51
2	010505001001	有梁板 1. 混凝土种类：商品混凝土 2. 混凝土强度等级：C30	m³	36.15	620.55	22432.88	59.00	2132.85
		建筑分部分项工程小计				31236.04		4192.36
3	01B003	泵送混凝土 1. 构件类型：柱梁板 2. 输送泵类型：汽车泵	m³	48.31	13.79	666.19	2.70	130.44
		单价措施项目小计				666.19		130.44
		［例 2-4-3］合计				31902.24		4322.80

屋面工程综合单价分析表

表 2-51

工程名称:【例 2-4-4】　　　　　　　　　　标段:　　　　　　　共　页第　页

序号	项目编码	项目名称 项目特征	单位	工程量	人工费	材料费	机械费	管理利润	综合单价（元）
1	011001001001	保温隔热屋面 1. 材料品种：水泥珍珠岩 1：10 2. 厚度：最薄处 30，找坡 2%	m²	223.72	8.79	20.01		3.93	32.73
	10-1-11	水泥珍珠岩 1：10/ 混凝土板上	10m³	2.108	8.79	20.01			
2	011001001002	保温隔热屋面 1. 材料品种：挤塑聚苯板，岩棉板隔离带 2. 材料厚度：厚 100	m²	223.72	3.10	35.97		1.38	40.46
	10-1-16	混凝土板上 干铺聚苯保温板	10m²	19.472	2.70	29.48			
	10-1-16H	混凝土板上 干铺岩棉板隔离带	10m²	2.90	0.40	6.49			
3	010902003001	屋面刚性层 1. 刚性层厚度：40mm 2. 混凝土种类：C20 细石混凝土	m²	224.64	9.50	22.91	0.02	4.24	36.67
	9-2-65S	C20 细石混凝土厚 40mm ［商品混凝土］	10m²	22.464	9.50	22.91	0.02		
4	010902003002	屋面刚性层 1. 刚性层厚度：20mm 2. 混凝土种类：M15 水泥砂浆	m²	224.64	16.15	8.94	0.57	7.21	32.87
	9-2-67H	水泥砂浆 M15 二次抹压厚 20mm	10m²	22.464	8.80	7.40	0.57		
	9-2-78	分格缝 水泥砂浆面层厚 25mm	10m	43.44	8.32	1.99			
	9-2-79H	分格缝每增减 10mm（0.50 倍）	10m	-43.44	-0.97	-0.45			
5	011101006001	平面砂浆找平层 1. 找平层厚度、砂浆配合比：20厚水泥砂浆 1：2.5	m²	241.72	8.20	12.34	0.57	3.66	24.77
	11-1-2H	水泥抹灰砂浆 1：2.5/ 找平层 在填充材料上 20mm	10m²	24.172	8.20	12.34	0.57		
6	010902001001	屋面卷材防水 1. 卷材品种：SBS 改性沥青卷材 2. 防水层数：两层＋附加层	m²	242.64	5.69	90.16		2.54	98.39
	9-2-10	改性沥青卷材热熔法一层 平面	10m²	24.264	2.40	44.21			

续表

序号	项目编码	项目名称 项目特征	单位	工程量	综合单价组成（元）				综合单价（元）
					人工费	材料费	机械费	管理利润	
6	9-2-12	改性沥青卷材热熔法每增一层 平面	10m²	24.264	2.10	34.55			
	9-2-10H	一层 平面/卷材防水附加层（人工×1.82）	10m²	3.511	0.63	6.40			
	9-2-12H	每增一层 平面/卷材防水附加层（人工×1.82）	10m²	3.511	0.55	5.00			

屋面工程分部分项工程清单与计价表　　　　　　　　　表 2-52

工程名称：【例 2-4-4】　　　　　　　　　　标段：　　　　　　　　　共　页第　页

序号	项目编码	项目名称 项目特征	计量单位	工程量	金额（元）		其中：人工	
					综合单价	合价	单价	合价
1	011001001001	保温隔热屋面 1. 材料品种：水泥珍珠岩 1：10 2. 厚度：最薄处 30，找坡 2%	m²	223.72	32.73	7322.78	8.79	1966.76
2	011001001002	保温隔热屋面 1. 材料品种：挤塑聚苯板，岩棉板隔离带 2. 材料厚度：厚 100 3. 做法：干铺	m²	223.72	40.46	9051.58	3.10	693.53
3	010902003001	屋面刚性层 1. 刚性层厚度：40mm 2. 混凝土种类：C20 细石混凝土	m²	224.64	36.67	8237.48	9.50	2134.08
4	010902003002	屋面刚性层 1. 刚性层厚度：20mm 2. 混凝土种类：M15 水泥砂浆抹压 3. 嵌缝材料种类：1×1（m）分格，密封膏嵌缝	m²	224.64	32.87	7383.36	16.15	3627.55
5	011101006001	砂浆找平层 1. 找平层厚度：20厚 1：2.5 水泥砂浆 2. 部位：水泥珍珠岩找平	m²	241.72	24.77	5988.40	8.20	1982.10
6	010902001001	屋面卷材防水 1. 卷材品种：4厚 SBS 改性沥青防水卷材（翻墙 300），附加层布置（平面 250，立面 300） 2. 防水层数：两道 3. 防水层做法：热熔	m²	242.64	98.39	23872.50	5.69	1379.43
		建筑分部分项工程小计				61856.10		11783.46

【例 2-4-5】参照［例 2-1-5］定额工程量计算及［例 2-2-5］定额套用，以 2019 年山

东省建筑工程价目表，计算［例2-3-5］中清单项目的综合单价和分部分项工程费。

解 外墙保温工程综合单价分析表，如表2-53所示；外墙保温工程分部分项工程清单与计价表，如表2-54所示。

外墙保温工程综合单价分析表 表2-53

工程名称：【例2-4-5】　　　　　　　　标段：　　　　　　　　共　页第　页

序号	项目编码	项目名称 项目特征	单位	工程量	综合单价组成（元）				综合单价（元）
					人工费	材料费	机械费	管理利润	
1	011001003001	保温隔热墙面 1. 保温部位：外墙保温 2. 材料品种：胶粘剂满粘50厚挤塑聚苯板	m²	238.94	44.09	77.26	0.91	19.69	141.96
	10-1-47	立面 胶粘剂粘贴聚苯保温板 满粘	10m²	23.894	11.10	30.16	0.00		
	10-1-65	胶粉聚苯颗粒找平层 墙面保温层上 厚度15mm	10m²	24.224	10.54	6.53	0.34		
	10-1-66H	胶粉聚苯颗粒找平层 厚度每增减5mm（3.00倍）	10m²	24.224	8.82	6.53	0.32		
	10-1-68	抗裂砂浆 厚度≤10mm 墙面	10m²	24.479	9.53	32.24	0.25		
	10-1-73	墙面耐碱纤维网格布 一层布	10m²	24.479	4.10	1.80	0.00		
2	011001003002	保温隔热墙面 1. 保温部位：门窗洞口侧壁 2. 材料品种：20厚玻化微珠保温砂浆	m²	14.80	25.81	49.43	0.78	11.53	87.55
	10-1-57	膨胀玻化微珠保温浆料/立面 厚度25mm	10m²	1.48	15.00	18.89	0.65		
	10-1-58	膨胀玻化微珠保温浆料/立面 厚度每增减5mm	10m²	-1.48	-2.90	-3.74	-0.11		
	10-1-68	抗裂砂浆 厚度≤10mm 墙面	10m²	1.526	9.59	32.46	0.24		
	10-1-73	墙面耐碱纤维网格布 一层布	10m²	1.526	4.12	1.81	0.00		

外墙保温工程分部分项工程清单与计价表 表2-54

工程名称：【例2-4-5】　　　　　　　　标段：　　　　　　　　共　页第　页

序号	项目编码	项目名称 项目特征	计量单位	工程量	金额（元）		其中：人工	
					综合单价	合价	单价	合价
1	011001003001	保温隔热墙面 1. 保温部位：外墙保温 2. 材料品种：胶粘剂满粘50厚挤塑聚苯板 3. 保护层：30厚胶粉聚苯颗粒保温砂浆 4. 增强层：6厚抗裂砂浆，耐碱玻璃纤维网布一层	m²	238.94	141.96	33919.92	44.09	10534.86

续表

序号	项目编码	项目名称 项目特征	计量单位	工程量	金额（元）		其中：人工	
					综合单价	合价	单价	合价
2	011001003002	保温隔热墙面 1. 保温部位：门窗洞口侧壁 2. 材料品种：20厚玻化微珠保温砂浆 3. 增强层：6厚抗裂砂浆，耐碱玻璃纤维网布一层	m²	14.80	87.55	1295.74	25.81	381.99
		建筑分部分项工程小计				35215.66		10916.85

【例2-4-6】参照［例2-1-6］定额工程量计算及［例2-2-6］定额套用，以2019年山东省建筑工程价目表，计算［例2-3-6］中清单项目的综合单价和分部分项工程费。

解 装饰工程综合单价分析表，如表2-55所示；装饰工程分部分项工程清单与计价表，如表2-56所示。

装饰工程综合单价分析表　　　　　　　　　　　表2-55

工程名称：【例2-4-6】　　　　　　　　　　　标段：　　　　　　　共　页第　页

序号	项目编码	项目名称 项目特征	单位	工程量	综合单价组成（元）				综合单价（元）
					人工费	材料费	机械费	管理利润	
1	011102003001	块料楼地面 1. 面层：800×800防滑地砖铺实 2. 结合层：20厚1:3干硬性水泥砂浆，素水泥浆一遍	m²	50.83	40.70	133.16	0.76	21.02	195.63
	11-3-37	素水泥浆/干硬性水泥砂浆1:3/地板砖楼地面干硬性水泥砂浆 周长≤3200mm	10m²	5.083	31.85	107.18	0.73		
	11-1-4S	C20细石混凝土找平层40mm［商品混凝土］	10m²	5.075	8.27	21.49	0.02		
	11-1-5HS	C20细石混凝土找平层每增减5mm（2.00倍）［商品混凝土］	10m²	5.075	1.84	5.18	0.01		
	11-1-7	刷素水泥浆一遍	10m²	−5.075	−1.26	−0.70	0.00		
2	011105003001	块料踢脚线 1. 面层：全瓷瓷砖块长800，高150 2. 结合层：3厚1:1水泥砂浆加水重20%建筑胶，素水泥浆一道	m²/m	4.16	63.02	89.88	1.17	32.55	186.62
	11-3-45	水泥抹灰砂浆 地板砖踢脚板 直线形	10m²	0.416	62.44	89.36	1.17		

续表

序号	项目编码	项目名称 项目特征	单位	工程量	综合单价组成（元）				综合单价（元）
					人工费	材料费	机械费	管理利润	
2	14-4-16	乳液界面剂 涂敷	10m²	0.416	0.58	0.51	0.00		
3	011201001001	墙面一般抹灰 1. 面层：6厚1：0.5：3水泥石灰砂浆压实抹平 2. 基层：7厚1：1：6水泥石灰砂浆	m²	106.90	13.80	6.38	0.32	7.13	27.63
	12-1-10	混合砂浆一般抹灰 厚9+6（mm）砌块墙	10m²	10.69	14.15	6.71	0.39		
	12-1-17H	水泥石灰抹灰砂浆1：1：6/混合砂浆 抹灰层每增减1mm(2.00倍)	10m²	−10.69	−0.92	−0.84	−0.07		
	14-4-16	乳液界面剂 涂敷	10m²	10.69	0.57	0.51	0.00		
4	011407001001	墙面喷刷涂料 1. 面层：白色仿瓷涂料 2. 喷刷遍数：两遍	m²	106.90	3.10	1.87	0.00	1.60	6.58
	14-3-21	仿瓷涂料两遍 内墙	10m²	10.69	3.10	1.87	0.00		
5	011407002001	天棚喷刷涂料 1. 面层材料：白色仿瓷涂料两遍 2. 腻子种类及要求：2厚柔性腻子	m²	54.49	8.39	19.34	0.00	4.34	32.07
	14-4-14	满刮成品腻子两遍不抹灰天棚	10m²	5.449	5.18	17.42	0.00		
	14-3-22	仿瓷涂料两遍天棚	10m²	5.449	3.22	1.92	0.00		
6	011102003002	块料楼地面 1. 面层：800×800防滑地砖铺实 2. 结合层：20厚1：3干硬性水泥砂浆	m²	17.37	40.56	132.75	0.76	20.95	195.01
	11-3-37	干硬性水泥砂浆1：3/地板砖楼地面 周长≤3200mm	10m²	1.737	31.85	107.18	0.73		
	11-1-4S	C20细石混凝土找平层40mm［商品混凝土］	10m²	1.707	8.14	21.22	0.02		
	11-1-5HS	C20细石混凝土找平层每增减5mm(2.00倍)［商品混凝土］	10m²	1.707	1.81	5.10	0.01		
	11-1-7	刷素水泥浆一遍	10m²	−1.707	−1.24	−0.75	0.00		
7	011108003001	块料零星项目 1. 面层：800×800防滑地砖铺实 2. 结合层：20厚1：3干硬性水泥砂浆	m²	5.54	84.30	69.32	3.67	43.54	200.83

续表

序号	项目编码	项目名称 项目特征	单位	工程量	综合单价组成（元）				综合单价（元）
					人工费	材料费	机械费	管理利润	
7	11-3-50	干硬性水泥砂浆1：3/地板砖零星项目	10m²	0.554	87.40	74.34	3.67		
	11-3-73h	干硬性水泥砂浆1：3/每增减5mm（2.00倍）	10m²	−0.554	−1.84	−4.25	0.00		
	11-1-7	刷素水泥浆一遍	10m²	−0.554	−1.26	−0.77	0.00		
8	011204003001	块料墙面 1．面层：5厚面砖，白水泥擦缝，阴阳角45°对缝 2．结合层：3厚1：1水泥砂浆加水重20%建筑胶，素水泥浆一道	m²	105.49	59.25	64.64	1.31	30.60	155.80
	12-2-25	素水泥浆/水泥抹灰砂浆1：3/水泥抹灰砂浆1：1/水泥砂浆粘贴全瓷墙面砖 周长≤1500mm	10m²	10.356	41.88	62.00	0.41		
	12-2-22	素水泥浆/水泥抹灰砂浆1：3/水泥抹灰砂浆1：1/水泥砂浆粘贴瓷砖 边长152×152（mm）零星项目	10m²	0.193	1.21	0.56	0.02		
	12-1-16H	水泥砂浆1：3/水泥砂浆 抹灰层每增减1mm（9.00倍）	10m²	−10.549	−0.46	−0.58	−0.03		
	12-1-16H	水泥抹灰砂浆1：1/水泥砂浆 抹灰层每增减1mm	10m²	−10.549	−4.14	−4.39	−0.27		
	12-1-17H	水泥石灰抹灰砂浆1：0.5：2/混合砂浆 抹灰层每增减1mm（6.00倍）	10m²	10.549	2.76	2.79	0.21		
	12-1-17H	水泥石灰抹灰砂浆1：1：6/混合砂浆 抹灰层每增减1mm（7.00倍）	10m²	10.549	3.22	2.94	0.25		
	14-4-16	乳液界面剂 涂敷	10m²	10.549	0.58	0.51	0.00		
	12-2-52	墙面砖45°角对缝	10m	9.946	14.20	0.81	0.73		
9	011302001001	吊顶天棚 1．面层：PVC板面层 2．龙骨：轻钢龙骨双层骨架，主龙骨中距1000，次龙骨中距600，横撑龙骨中距600	m²	21.63	33.92	58.29	2.71	17.52	112.45
	13-2-13	装配式U形轻钢天棚龙骨网格尺寸600×600平面不上人型	10m²	2.163	20.12	23.99	2.71		
	13-3-30	天棚其他饰面PVC扣板	10m²	2.163	13.80	34.30	0.00		

续表

序号	项目编码	项目名称 项目特征	单位	工程量	综合单价组成（元）				综合单价（元）
					人工费	材料费	机械费	管理利润	
10	011407001002	墙面喷刷涂料 1. 面层：外墙真石漆 2. 喷刷遍数：三遍	m²	583.19	15.94	79.15	0.98	8.23	104.30
	14-3-5	墙柱面喷真石漆三遍成活	10m²	58.319	15.94	79.15	0.98		

装饰工程分部分项工程清单与计价表 表 2-56

工程名称：【例 2-4-6】　　　　　　　　　　　标段：　　　　　　　共　页第　页

序号	项目编码	项目名称 项目特征	计量单位	工程量	金额（元）		其中：人工	
					综合单价	合价	单价	合价
1	011102003001	块料楼地面 1. 面层：800×800 防滑地砖铺实，稀水泥浆擦缝 2. 结合层：20 厚 1：3 干硬性水泥砂浆，素水泥浆一遍 3. 找平层：50 厚 C20 细石混凝土找平 4. 部位：会议室	m²	50.83	195.63	9943.94	40.70	2068.58
2	011105003001	块料踢脚线 1. 面层：全瓷瓷砖块长 800，高 150 2. 结合层：3 厚 1：1 水泥砂浆加水重 20% 建筑胶，素水泥浆一道 3. 找平层：7 厚 1：3 水泥砂浆，6 厚 1：2 水泥砂浆 4. 基层处理：2 厚专用界面剂 5. 部位：会议室	m²	4.16	186.62	776.33	63.02	262.16
3	011201001001	墙面一般抹灰 1. 面层：6 厚 1：0.5：3 水泥石灰砂浆压实抹平 2. 基层：7 厚 1：1：6 水泥石灰砂浆 3. 基层处理：2 厚专用界面剂 4. 部位：会议室	m²	106.90	27.63	2953.54	13.80	1475.22
4	011407001001	墙面喷刷涂料 1. 面层：白色仿瓷涂料 2. 喷刷遍数：两遍 3. 部位：会议室	m²	106.90	6.58	703.06	3.10	331.92
5	011407002001	天棚喷刷涂料 1. 面层材料：白色仿瓷涂料两遍 2. 腻子种类及要求：2 厚成品腻子两遍 3. 部位：会议室	m²	54.49	32.07	1747.40	8.39	457.44

续表

序号	项目编码	项目名称 项目特征	计量单位	工程量	金额（元）		其中：人工	
					综合单价	合价	单价	合价
6	011102003002	块料楼地面 1. 面层：800×800 防滑地砖铺实，稀水泥浆擦缝 2. 结合层：20厚1：3干硬性水泥砂浆 3. 找平层：50厚C20细石混凝土找平 4. 部位：卫生间	m²	17.37	195.01	3387.36	40.56	704.48
7	011108003001	块料零星项目 1. 面层：800×800 防滑地砖铺实，稀水泥浆擦缝 2. 结合层：20厚1：3干硬性水泥砂浆 3. 部位：卫生间厕所蹲台	m²	5.54	200.83	1112.58	84.30	466.99
8	011204003001	块料墙面 1. 面层：5厚面砖，白水泥擦缝，阴阳角45°对缝 2. 结合层：3厚1：1水泥砂浆加水重20%建筑胶，素水泥浆一道 3. 找平层：6厚1：0.5：2水泥石灰砂浆，7厚1：1：6水泥石灰砂浆 4. 基层处理：2厚界面剂 5. 部位：卫生间门窗侧壁	m²	105.49	155.80	16435.66	59.25	6250.39
9	011302001001	吊顶天棚 1. 面层：8厚PVC板面层 2. 龙骨：不上人U形轻钢龙骨双层骨架，主龙骨中距1000，次龙骨中距600，横撑龙骨中距600 3. 部位：卫生间	m²	21.63	112.45	2432.27	33.92	733.79
10	011407001002	墙面喷刷涂料 1. 面层：外墙真石漆 2. 喷刷遍数：三遍 3. 部位：下部深驼色，上部及女儿墙米黄色	m²	583.19	104.30	61872.61	15.94	9456.43
		装饰分部分项工程小计				101364.70		22207.41

【例2-4-7】 参照［例2-1-7］定额工程量计算及［例2-2-7］定额套用，以2019年山东省建筑工程价目表，计算［例2-3-7］中清单项目的综合单价和单价措施费。

【解】 单价措施工程综合单价分析表，如表2-57所示；单价措施工程分部分项工程清单与计价表，如表2-58所示。

【例2-4-8】 以［例2-4-1］至［例2-4-7］中的施工内容和人工、材料、机械费用为基础，按照《山东省建设工程费用项目组成及计算规则》（2016）中规定的清单计价计算程序，编制该工程的建筑安装工程费（本工程暂不考虑优质优价费用）。

【解】 清单计价方式下，上机形成的总价措施项目清单与计价表、规费税金项目清单与计价表、建筑（装饰）工程费用表，如表2-59～表2-65所示。

单价措施项目综合单价分析表

表 2-57

工程名称：【例 2-4-7】　　　　　　　　　　　　标段：　　　　　　　　共　页第　页

序号	项目编码	项目名称 项目特征	单位	工程量	综合单价组成（元）				综合单价（元）
					人工费	材料费	机械费	管理利润	
1	011701002001	外脚手架 1. 搭设方式：双排 2. 搭设高度：15m 以内	m²	563.88	8.92	13.36	1.89	3.98	28.15
	17-1-9	外脚手架 钢管架 双排 ≤15m	10m²	56.388	8.20	9.67	1.76		
	17-6-1	立挂式安全网	10m²	10.044	0.04	0.77			
	17-6-2	挑出式安全网 钢管挑出	10m²	25.488	0.68	2.92	0.13		
2	011701002002	外脚手架 1. 搭设方式：单排 2. 搭设高度：6m 以内	m²	18.52	4.60	5.38	1.54	2.06	13.58
	17-1-6	外脚手架 钢管架 单排 ≤6m	10m²	1.852	4.60	5.37	1.54		
3	011702002001	矩形柱 1. 模板材质：复合木模板 2. 支撑材质：钢支撑	m²	126.36	22.52	55.33	0.08	10.06	87.98
	18-1-36	现浇混凝土模板 矩形柱 复合木模板 钢支撑/二次周转	10m²	12.636	22.00	55.20	0.08		
	18-1-48	现浇混凝土模板 柱支撑高度＞3.6m 每增1m	10m²	2.333	0.52	0.13			
4	011703001001	垂直运输 1. 建筑类型：民用建筑 2. 结构形式：框架结构	m²	469.89	12.55		98.05	5.61	116.21
	19-1-17	民用建筑垂直运输 檐高≤20m 现浇混凝土结构 标准层≤500m²	10m²	46.989	8.50		75.92		
	19-1-4	民用建筑垂直运输 ±0.000 以下无地下室 带形基础 底层≤500m²	10m²	23.495	4.05		22.13		
5	011705001001	塔式起重机进出场 1. 机械名称：自升式塔式起重机 2. 机械规格：20m 以内	台次	1.00	10847.20	13239.30	14589.32	4844.36	43520.18
	19-3-5	自升式塔式起重机安装拆卸 檐高≤20m	台次	1.00	4000.00	327.85	5590.76		

续表

序号	项目编码	项目名称 项目特征	单位	工程量	综合单价组成（元）				综合单价（元）
					人工费	材料费	机械费	管理利润	
5	19-3-18	自升式塔式起重机场外运输 檐高≤20m	台次	1.00	1500.00	133.87	8094.57		
	19-3-1HS	C30现浇混凝土碎石<31.5/独立式基础[商品混凝土]	10m³	1.60	2702.40	12771.44	161.76		
	19-3-4	混凝土基础拆除	10m³	1.60	2644.80	6.14	742.23		
6	011705001002	卷扬机进出场 1. 机械名称：卷扬机 2. 机械规格：20m以内	台次	1.00	2800.00	81.11	4736.97	1250.48	8868.56
	19-3-9	卷扬机安装拆卸 檐高≤20m	台次	1.00	2000.00	45.82	1964.36		
	19-3-22	卷扬机场外运输 檐高≤20m	台次	1.00	800.00	35.29	2772.61		

单价措施工程分部分项工程清单与计价表

表2-58

工程名称：【例2-4-7】　　　　　　　标段：　　　　　共　页第　页

序号	项目编码	项目名称 项目特征	计量单位	工程量	金额（元）		其中：人工	
					综合单价	合价	单价	合价
1	011701002001	外脚手架 1. 搭设方式：双排 2. 搭设高度：15m以内 3. 脚手架材质：钢管 4. 部位：外墙 5. 层间平挂式安全网 6. 外围挑出式安全网	m²	563.88	28.15	15873.85	8.91	5026.24
2	011701002002	外脚手架 1. 搭设方式：单排 2. 搭设高度：6m以内 3. 脚手架材质：钢管 4. 部位：框架柱	m²	18.52	13.58	251.50	4.60	85.19
3	011702002001	矩形柱 1. 模板材质复合木模板 2. 支撑材质：钢支撑 3. 支撑高度顶标高7.8m 4. 周转次数：两次	m²	126.36	87.98	11117.33	22.52	2845.24
4	011703001001	垂直运输 1. 建筑类型：民用建筑 2. 结构形式：框架结构 3. 檐高：8.8m，两层	m²	469.89	116.21	54605.92	12.55	5897.12

续表

序号	项目编码	项目名称 项目特征	计量单位	工程量	金额（元）		其中：人工	
					综合单价	合价	单价	合价
5	011705001001	塔式起重机进出场及安拆 1. 机械名称：自升式塔式起重机 2. 机械规格：20m 以内 3. 塔式起重机基础C30及拆除	台次	1.00	43520.18	43520.18	10847.20	10847.20
6	011705001002	卷扬机进出场及安拆 1. 机械名称：卷扬机 2. 机械规格：20m 以内	台次	1.00	8868.56	8868.56	2800.0	2800.00
		单价措施项目小计				134237.34		27501.38

分部分项工程费汇总表   表2-59

工程名称：【例2-4-8】　　　　　　　　　　　标段：　　　　　　　共　页第　页

项目名称	省价		合同价	
	人工合价	人材机合价	人工合价	人材机合价
由［例2-4-1］			5610.83	22461.60
由［例2-4-2］			13788.72	60599.62
由［例2-4-3］			4192.36	31236.04
由［例2-4-4］			11783.46	61856.10
由［例2-4-5］			10916.85	35215.66
建筑分部分项工程小计	50921.44	215998.24	46292.22	211369.02
由［例2-4-1］			44.29	242.62
由［例2-4-3］			130.44	666.19
由［例2-4-7］			27501.38	134237.34
建筑单价措施项目小计	30443.72	137913.76	27676.11	135146.15
由［例2-4-6］			22207.41	101364.70
装饰分部分项工程小计	23172.95	102330.24	22207.41	101364.70

注：1. 建筑工程：省价人工合价 = 合同价人工合价 /100 × 110；
　　2. 装饰工程：省价人工合价 = 合同价人工合价 /115 × 120；
　　3. 省价人材机合价 = 合同价人材机合价 − 合同价人工合价 + 省价人工合价。

（建筑工程）总价措施项目清单与计价表   表2-60

工程名称：【例2-4-8】　　　　　　　　　　　标段：　　　　　　　共　页第　页

序号	项目编码	项目名称	计算基础	费率（%）	金额（元）	其中人工合价
1	11707002	夜间施工费	50921.44	2.55	1430.29	324.62
2	11707004	二次搬运费	50921.44	2.18	1222.76	277.52

续表

序号	项目编码	项目名称	计算基础	费率（%）	金额（元）	其中人工合价
3	11707005	冬雨期施工增加费	50921.44	2.91	1632.22	370.45
4	11707007	已完工程及设备保护费	195324.14	0.15	304.88	29.30
		建筑工程小计			4590.15	1001.90

注：1. 序号1、2、3：计算基础 = 表2-59 建筑分部分项工程省价人工合价；
  2. 序号4：计算基础 = 表2-59 建筑分部分项工程省价人材机合价 − 省价人工合价 ×（管理费率＋利润率）=215998.24−50921.44×0.406=195324.14（元）
  3. 金额 = 本表计算基础 × 费率 ×［1+人工费比例 ×（管理费率＋利润率）］。

（建筑工程）规费税金项目清单与计价表

表2-61

工程名称：【例2-4-8】 标段： 共 页第 页

序号	项目名称	计算基础	费率（%）	金额（元）
1	规费			25302.05
1.1	安全文明施工费	351105.32	4.47	15694.41
1.2	社会保险费	351105.32	1.52	5336.80
1.3	住房公积金	74970.23	青岛规定 3.80	2848.87
1.4	环境保护税	351105.32	0.30	1053.32
1.5	建设项目工伤保险	351105.32	0.105	368.66
1.6	优质优价费用	351105.32		
2	税金	376407.38	9	33876.66
	建筑工程小计			59178.72

注：1. 住房公积金计算基础 = 表2-59 建筑工程合同价人工合价 ＋ 表2-60 总价措施费人工合价；
  2. 其余规费计算基础 = 表2-59 建筑工程合同价人材机合价 ＋ 表2-60 总价措施费；
  3. 税金计算基础 = 表2-59 建筑工程合同价人材机合价 ＋ 表2-60 总价措施费 ＋ 本表规费。

（建筑工程）建筑工程费用汇总表

表2-62

工程名称：【例2-4-8】 标段： 共 页第 页

序号	项目名称	金额（元）	其中：暂估价	备注
1	分部分项工程费	211369.02		由表2-59
2	单价措施项目费	135146.15		由表2-59
3	总价措施项目费	4590.15		由表2-60
4	规费	25302.05		由表2-61
4.1	其中：安全文明施工费	15694.41		由表2-61
5	税金	33876.66		由表2-61
	建筑工程费用合计	410284.04		

(装饰工程)总价措施项目清单与计价表   表 2-63

工程名称:【例 2-4-8】　　　　　　　　　　标段:　　　　　　　共 页第 页

序号	项目编码	项目名称	计算基础	费率(%)	金额(元)	其中人工合价
1	11707002	夜间施工费	23172.95	3.64	947.88	210.87
2	11707004	二次搬运费	23172.95	3.28	854.13	190.02
3	11707005	冬雨期施工增加费	23172.95	4.10	1067.66	237.52
4	11707007	已完工程及设备保护费	90859.63	0.15	143.04	13.63
		装饰工程小计			3012.71	652.04

注:1.序号1、2、3:计算基础=表 2-59 装饰分部分项工程省价人工合价;
   2.序号4:计算基础=表 2-59 装饰分部分项工程省价人材机合价-省价人工合价×(管理费率+利润率)=102330.24-23172.95×0.495=90859.63(元);
   3.金额=本表计算基础×费率×[1+人工费比例×(管理费率+利润率)]。

(装饰工程) 规费税金项目清单与计价表   表 2-64

工程名称:【例 2-4-8】　　　　　　　　　　标段:　　　　　　　共 页第 页

序号	项目名称	计算基础	费率(%)	金额(元)
1	规费			7209.59
1.1	安全文明施工费	104377.41	4.15	4331.66
1.2	社会保险费	104377.41	1.52	1586.54
1.3	住房公积金	22859.45	3.80	868.66
1.4	环境保护税	104377.41	0.30	313.13
1.5	建设项目工伤保险	104377.41	0.105	109.60
1.6	优质优价费用	104377.41	青岛规定	
2	税金		111587.00	9	10042.83
	装饰工程小计			17252.42

注:1.住房公积金计算基础=表 2-59 装饰工程合同价人工合价+表 2-63 总价措施费人工合价;
   2.其余规费计算基础=表 2-59 装饰工程合同价人材机合价+表 2-63 总价措施费;
   3.税金计算基础=表 2-59 装饰工程合同价人材机合价+表 2-63 总价措施费+本表规费。

(装饰工程) 装饰工程费用汇总表   表 2-65

工程名称:【例 2-4-8】　　　　　　　　　　标段:　　　　　　　共 页第 页

序号	项目名称	金额(元)	其中:暂估价	备注
1	分部分项工程费	101364.70		由表 2-59
2	单价措施项目费	—		—
3	总价措施项目费	3012.71		由表 2-63
4	规费	7209.59		由表 2-64
4.1	其中:安全文明施工费	4331.66		由表 2-64
5	税金	10042.83		由表 2-64
	装饰工程费用合计	121629.83		

第三节 比较与异同

本章第一和第二节对相同的工程内容分别用两种不同的方式（定额方式和工程量清单方式）进行了计量与计价。从各个侧面上比较两种计价方式，了解、掌握其异同，对进一步认识两种计价方式有着不可或缺的重要作用。

一、两种计价方式的计价结果

【例 2-2-8】定额计价方式与【例 2-4-8】清单计价方式的计价结果对比，如表 2-66 所示。

两种计价方式计价结果比较　　表 2-66

序号	项目名称	②清单计价 表 2-59～表 2-65	①定额计价 表 2-30～表 2-32	（②－①）/① （%）
1	分部分项工程费	211369.02	190693.66	
2	单价措施项目费	135146.15	122803.61	
3	总价措施项目费	4590.15	4183.36	
4	企业管理费	—	21085.78	
5	利润	—	12354.95	
	规费前小计	351105.32	351121.36	－0.005
6	规费	25302.05	25303.05	－0.004
7	税金	33876.66	33878.20	－0.005
	建筑工程费用合计	410284.04	410302.61	－0.005
1	分部分项工程费	101364.70	89894.14	
2	单价措施项目费	—	2689.95	
3	总价措施项目费	3012.71	7671.65	
4	企业管理费	—	4121.72	
5	利润	—	104377.46	
	规费前小计	104377.41	7209.59	0.000
6	规费	7209.59	10042.83	0.000
7	税金	10042.83	121629.88	0.000
	装饰工程费用合计	121629.83	531932.49	0.000
	建筑、装饰工程费用总计	531913.87	190693.66	－0.004

工程量清单计价，是将定额计价数据经过另一种计算顺序和计算过程，从而形成以清单工程量为计量单位的另一种表现形式，是区别于定额计价的另一种数据归纳和数据组

合。所以，对于同一计算对象，理论上讲，两种计价方式的计算结果应该是相等的。表 2-66 中 −0.004% 的误差（建筑、装饰工程费用总计）应该属于计算误差。

二、两种计价方式的几个基本概念

1. 分项工程

（1）在定额计价方式中，一个分项工程基本上就是施工过程中的一个基本工序，也是消耗量定额的一个基本子目。不同的分项工程之间相对独立。

（2）在清单计价方式中，一个分项工程是一个小的综合体。每一个综合体中包括多个（至少一个）施工过程中的基本工序，也就是包括多个（至少一个）消耗量定额基本子目。这些基本工序（定额基本子目）共同组成清单的分项工程，如表 2-67、表 2-68 所示。

分部分项工程费用表   表 2-67

工程名称：【例 2-2-4】　　　标段：　　　共　页第　页

序号	定额编号	项目名称	单位	工程量	省价人工		省价人材机	
					单价	合价	单价	合价
2	10-1-16	混凝土板上干铺聚苯保温板	10m²	19.472	34.10	663.99	372.84	7259.94
	10-1-16H	混凝土板上干铺岩棉隔离带	10m²	2.90	34.10	98.89	534.92	1551.27

综合单价分析表   表 2-68

工程名称：【例 2-4-4】　　　标段：　　　共　页第　页

序号	项目编码	项目名称 项目特征	单位	工程量	综合单价组成（元）				综合单价（元）
					人工费	材料费	机械费	管理利润	
2	011001001002	保温隔热屋面 1. 材料品种：挤塑聚苯板、岩棉板隔离带 2. 材料厚度：厚 100	m²	223.72	3.10	35.97		1.38	40.46
	10-1-16	混凝土板上干铺聚苯保温板	10m²	19.472	2.70	29.48			
	10-1-16H	混凝土板上干铺岩棉板隔离带	10m²	2.90	0.40	6.49			

2. 分项工程量

（1）在定额计价方式中，分项工程量依据定额工程量计算规则计算而得。

依据定额工程量计算规则，可将设计文件和经过批准的施工组织设计中的可读数量——计算清楚。这些工程量是准确或基本准确的、可用于施工过程中的计件计量（人工、机械）和材料计量（备料、投料）。

（2）在清单计价方式中，分项工程量依据清单工程量计算规则计算而得。

清单工程量计算规则，是根据房屋构造、施工工序、方便原则和习惯分解方法解剖建筑物的规则，它不与任何定额相对应。据此计算出的清单工程量，一般是一个小的综合体的数量，它不能准确反映其中每一个施工工序的工程量，有些清单工程量甚至是虚拟量

（例如，010101003 挖沟槽土方等），因此，清单工程量一般不能用来指导施工。

3. 分部分项工程费

"分部分项工程费"，同一个名称，同样的措辞，在两种不同的计价方式中，其包括的内容不同。

在定额计价方式中，分部分项工程费仅包括人工费、材料费、施工机械使用费三项费用，如表 2-69 所示。

在清单计价方式中，分部分项工程费不仅包括人工费、材料费、施工机械使用费，还包括由此带来的企业管理费、利润，如表 2-70 所示。

"单价措施费""总价措施费"，在两种不同的计价方式中分别包括不同的内容，同"分部分项工程费"。

定额计价计算程序 表 2-69

序号	费用名称	计算方法
一	分部分项工程费	$\sum \{[$ 定额 $\sum ($ 工日消耗量 × 人工单价 $) + \sum ($ 材料消耗量 × 材料单价 $) + \sum ($ 机械台班消耗量 × 台班单价 $)] \times$ 分部分项工程量 $\}$
	计费基础 J_{D1}	分部分项工程的省价人工费之和

工程量清单计价计算程序 表 2-70

序号	费用名称	计算方法
一	分部分项工程费	$\sum (J_i \times$ 分部分项工程量 $)$
	分部分项工程综合单价	$J_i = 1.1 + 1.2 + 1.3 + 1.4 + 1.5$
	1.1 人工费	每计量单位 $\sum ($ 工日消耗量 × 人工单价 $)$
	1.2 材料费	每计量单位 $\sum ($ 材料消耗量 × 材料单价 $)$
	1.3 施工机械使用费	每计量单位 $\sum ($ 机械台班消耗量 × 台班单价 $)$
	1.4 企业管理费	$J_{Q1} \times$ 管理费费率
	1.5 利润	$J_{Q1} \times$ 利润率
	计费基础 J_{Q1}	分部分项工程每计量单位的省价人工费之和

三、两种计价方式的计价过程

1. 相同点

两种计价方式中，确定人工费、材料费、机械费的依据都是相同的消耗量定额和定额工程量计算规则，确定企业管理费、利润等各项费用的依据都是相同的费用规则和费用规则规定的计算基数、费率。

2. 不同点

（1）在定额计价方式中，一个单位工程只需要（计算完分部分项工程费后）集中计算一次企业管理费和利润。

(2)清单计价的核心工作,是清单项目的综合单价组价。

在清单计价方式中,每一个清单项目的综合单价都需要计算一次企业管理费和利润,有多少个清单项目就需要计算多少次。企业管理费和利润在清单计价过程中的位置分散了,频度增加了,从而导致计算过程的繁简程度变化了,表现形式也不相同了,如表2-71所示。

建筑工程费用表 表2-71

工程名称:【例2-2-8】 标段: 共 页第 页

序号	费用名称	计算方法	省价合价		合同价合价	
			人材机	人工	人工	人材机
一	分部分项工程费	根据表2-30①	195322.85	50921.09	46291.90	190693.66
	计费基础 J_{D1}			50921.09		—
	……					……
四	企业管理费	(50921.09+31445.24)×25.6%				21085.78
五	利润	(50921.09+31445.24)×15.0%				12354.95

3. 计价过程

(1)在定额计价方式中(按清单综合单价口径)

∑分项工程费+企业管理费+利润=∑(定额子目单价×定额工程量)+∑(定额人工省单价×定额工程量)×(管理费率+利润率)

(2)在清单计价方式中

综合单价=〔∑(定额子目单价×定额工程量)+∑(定额人工省单价×定额工程量)×(管理费率+利润率)〕/清单工程量

分项工程费=综合单价×清单工程量=∑(定额子目单价×定额工程量)+∑(定额人工省单价×定额工程量)×(管理费率+利润率)

综上,不难看出,

∑分项工程费+企业管理费+利润(定额计价方式)=∑分项工程费(清单计价方式)

工程量清单计价,是将定额计价数据经过另一种计算顺序和计算过程,从而形成以清单工程量为计量单位的另一种表现形式,是区别于定额计价的另一种数据归纳和数据组合。所以,对于同一计算对象,理论上讲,两种计价方式的计算结果应该是相等的。

四、几项相关费用的比较与异同

1. 分部分项工程费与单价措施费都是套用消耗量定额相应子目而得,但它们参与后续取费的程度(机会)不同。

分部分项工程费能够计取总价措施费,而单价措施费不能计取总价措施费。

2. 单价措施费与总价措施费都是措施费,但费用来源不同。

单价措施费,系套用消耗量定额相应子目而得;而总价措施费,是以分部分项工程省价人工费为基数,乘以相应费率计算而得,如表 2-72 所示。

定额计价计算程序 表 2-72

序号	费用名称	计算方法
一	分部分项工程费	$\sum\{[$定额$\sum($工日消耗量 × 人工单价$)+\sum($材料消耗量 × 材料单价$)+\sum($机械台班消耗量 × 台班单价$)]×$分部分项工程量$\}$
	计费基础 J_{D1}	分部分项工程中省价人工费之和
二	措施项目费	2.1 + 2.2
	2.1 单价措施费	$\sum\{[$定额$\sum($工日消耗量 × 人工单价$)+\sum($材料消耗量 × 材料单价$)+\sum($机械台班消耗量 × 台班单价$)]×$单价措施项目工程量$\}$
	2.2 总价措施费	$J_{D1}×$ 相应费率
	计费基础 J_{D2}	措施项目中省价人工费之和

3. 夜间施工增加费、二次搬运费、冬雨期施工增加费、已完工程及设备保护费都是总价措施费,但四项费用取费基数不同。

夜间施工增加费、二次搬运费、冬雨期施工增加费以分部分项工程省价人工费为基数;而已完工程及设备保护费以分部分项工程省价人材机之和为基数,如表 2-73 所示。

定额计价计算程序 表 2-73

序号	费用名称	计算方法
一	分部分项工程费	……
	计费基础 J_{D1}	分部分项工程中省价人工费之和
二	措施项目费	2.1 + 2.2
	2.1 单价措施费	……
	2.2 总价措施费	$J_{D1}×$ 相应费率
	(1)夜间施工增加费	分部分项工程的省价人工费之和 × 费率
	(2)二次搬运费	
	(3)冬雨期施工增加费	
	(4)已完工程及设备保护费	分部分项工程的省价人材机之和 × 费率
	计费基础 J_{D2}	措施项目中省价人工费之和

4. 总价措施费、企业管理费、利润、规费、税金都是以基数乘以费率计算而得,但它们的性质不同。

总价措施费、企业管理费和利润是可竞争费用,山东省住房和城乡建设厅发布的相应费率属于指导、参考性质;而规费和税金的计取具有强制性,必须按规定基数乘以山东省住房和城乡建设厅发布的规定费率计算,不得参与市场竞争。

五、使用"建筑工程费用合计"应注意的问题,如表2-74所示

定额计价计算程序　　　　　　　　　　　　　　　表2-74

费用名称	计算方法(一般计税法下)	
	计入了甲供材料费	未计入甲供材料费
规费前合价	含甲供材料除税价	不含甲供材料除税价
规费	按规定计取	施工单位少计取了以"规费前合价"为基数的所有规费
税前合价	含甲供材料除税价	不含甲供材料除税价及少计的规费
计税基数	税前合价 – 甲供材料除税价	税前合价
税金(增值税)	少计取了甲供材料除税价的增值税	少计取了(甲供材料除税价+少计规费)的增值税
建筑工程费用合计	少计取了甲供材料除税价的增值税	少计取了(甲供材料除税价+少计规费)的增值税
合同价款结算	"工程费用合计" – 甲供材料除税价	"工程费用合计"

正确的做法应该是将甲供材料的购货发票以进度款方式转移至乙方账户,这样,甲供材料实际上就成了乙方自供材料;然后,像其他乙方自供材料一样,以其完整价格(含构成材料费的四项因素)进入计价序列(合同价款结算时,不再扣除甲供材料款)。

第三章　BIM 技术应用

建筑信息模型（BIM：Building Information Modeling；在不特别指出的情况下，建筑信息模型表达的是通过相关 BIM 软件创建的信息模型概念总称）技术是以三维可视化为特征的建筑信息模型的信息集成和管理技术。该技术是应用单位使用 BIM 建模软件构建建筑信息模型，模型包含建筑所有构件、设备等几何和非几何信息以及它们之间的关系信息，模型信息按建设阶段，不断深化和增加。建设、设计、施工、运维和咨询等单位使用一系列应用软件，利用统一建筑信息模型进行虚拟设计和施工，实现项目协同管理，减少错误，节约成本，提高效益和质量。工程竣工后，利用建筑信息模型实施建筑运维管理，提高运维效率。BIM 技术不仅适用于规模大、复杂的工程，也适用于一般工程；不仅适用于房屋建筑工程，也适用于市政基础设施等其他工程。BIM 技术的主要应用价值如下：

（1）工程设计：利用三维可视化设计和仿真模拟技术实现性能化模拟分析、绿色建筑性能评估和装配式建筑虚拟设计；有利于建设、设计和施工等单位沟通，优化方案，减少设计错误，提高建筑性能和设计质量。

（2）工程施工：利用建筑信息模型专业之间的协同，有利于发现和定位不同专业之间或不同系统之间的冲突，减少错漏碰缺，减少返工和工程频繁变更等问题。利用施工进度管理模型，开展项目现场施工方案模拟及优化、建筑虚拟建造及优化、进度模拟和资源管理及优化，有利于提高建筑工程的施工效率，提高施工工序安排的合理性。利用施工过程造价管理模型，进行工程量计算和计价，增加工程投资的透明度，有利于控制项目施工成本。

（3）运维管理：利用建筑信息模型的建筑信息和运维信息，实现基于模型的建筑运维管理，实现设施、空间和应急等管理，降低运维成本，有利于提高项目运营和维护管理水平。

（4）城市管理：基于 BIM 技术的城市建筑大数据存储与利用，有利于解决建筑项目长期运营和维护过程中的数据存储、动态更新与各种数据利用问题，为智慧城市建设提供建筑的基础信息。同时，城市建筑信息模型数据的开放，能够实现建筑信息提供者、项目管理者与用户之间实时、方便的信息交互，有利于营造丰富多彩、健康安全的城市环境，提高城市基础设施设备的公共服务水平。

按照实施的主体不同分为：建设单位（业主）BIM 和承包商 BIM。建设单位 BIM 是指建设单位为完成项目建设与管理，自行或委托第三方机构（有能力的设计、施工或咨询单位）应用 BIM 技术，实施项目全过程管理，有效实现项目的建设目标。承包商 BIM 是指设计、施工和咨询单位为完成自身承接的项目，自行实施应用 BIM 技术，进行项目设计、施工或管理。

不同实施组织方式应用 BIM 技术的内容和需求不同，通过对 BIM 技术应用价值的分析，最佳方式是建设单位 BIM，由建设单位主导，各参与方在项目全生命期协同应用 BIM 技术，可以充分发挥 BIM 技术的最大效益和价值。

目前市场上存在多种 BIM 建模和应用软件，每种 BIM 软件都有各自的特点和适用范围。建筑项目所有参与方在选择 BIM 软件时，应根据工程特点和实际需求选择一种或多种 BIM 软件。应注意，当选择使用多种 BIM 软件时，建议充分考虑软件的易用性、适用性，以及不同软件之间的信息共享和交换的能力。在技术层面上，建议考虑使用协同软件或平台，以保证项目协同管理，有效实现 BIM 应用的价值。

第一节　项目创建

本节着重讲述建模工作开始前的项目统一原则、命名管理、样板文件设定等准备工作，为后期建模工作奠定基础。

一、项目统一原则

1. 为了保证同一项目的基点、原点统一，项目基点（原点到原点）应根据项目情况提前确定，若无特殊要求，一般情况应定在图纸左下角 1 轴、A 轴交点处。项目基点的统一是后期多方协同工作的基础，需要在各个专业建模前完成此项工作的设定，如图 3-1 所示。

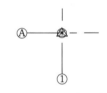

图 3-1　项目基点示意图

2. 当项目北方向和正北方向不一致时，则需根据设计实际方位调整项目北与正北的相对方位关系；当项目北方向和正北方向重合时，项目北和正北不做调整。模型整合阶段需特别注意大轴网与各区域小轴网的位置关系。一般一个项目仅允许有一个统一的项目基点。模型整合时采用"原点到原点"方式自动对齐。项目应以建筑专业为准单独创建轴网文件，其他专业通过"复制/监视"命令，将标高和轴网复制到本专业中。同一项目中，坐标单位、计量单位等必须保证统一。

二、命名管理

1. 模型拆分

根据项目需求决定模型的拆分原则，其原则主要由以下几种因素决定：

（1）项目布局：一个模型由多栋建筑组成，宜创建单栋模型；

（2）项目体量：项目体量过大影响模型运行流畅，宜拆分成多个模型；

（3）项目任务执行人：同一项目由多人执行，宜合理拆分成相应子模型。

以上拆分原则分为物理拆分（项目体量）和专业拆分（项目执行专业），同时这两种拆分方式可以并存。物理拆分按单栋楼只分地上和地下及裙房，或者同项目涉及多个单体楼号或者原设计中楼宇命名；专业拆分见表 3-1。

专业代码   表 3-1

序号	一级分类			二级分类		
1	中文	英文	缩写	中文	英文	缩写
2	规划	Planning	P			
3	总图	General Drawing	G			
4	土建	Architecture&Structural	AS	建筑	Architecture	AR
5				结构	Structural	ST
6	机电	Mechanical Electrical Piping	MEP	给排水	Plunbing	P
7				暖通	Mechanical	M
8				电气	Electrical	E

2．文件命名

一般规则：文件命名以简短、明了地描述文件内容为原则；宜用中文、英文、数字等计算机操作系统允许的字符；不能使用空格；可使用字母大小写方式、中划线"—"或下画线"-"来隔开单词，间隔符均以英文下画线表示。文件命名尽量使用英文加数字表示。

模型文件命名依据模型拆分，分以下几种情况（其专业代码见表 3-1）：

（1）同一项目不存在多个单体楼，一般模型名称用项目名称+专业。例如：JHGW_AS．rvt（建泓顾问土建模型）；

（2）同一项目不存在多个单体，但分楼层建模，一般名称用项目名称+楼层+专业。例如：JHGW_1F_MEP．rvt（建泓顾问一层机电模型），JHGW_1F（3.0）_ST．rvt［建泓顾问一层结构（标高 3m）模型］。

地上楼层编码应以字母 F 开头加 2 位数字（超过 99 层用 3 位数字）表达，地下层编码应以字母 B 开头加 2 位数字表达，屋顶编码应以 RF 表达，夹层编码表示方法为楼层编码+M；

（3）同一项目存在多个单体且建模是分层创建，一般名称用项目名称+楼号+楼层+专业。例如：JHGW_2#B1_AR.rvt（建泓顾问 2 号楼地下一层建筑模型）。

注意：项目命名，楼栋号和楼层命名宜与施工图纸中的项目名称、楼栋号和楼层一样。

3．构件命名

构件命名可按以下规则进行命名：

（1）结构柱：按【区域】_【楼层】_【柱编号】_【材质类型】_【截面尺寸 $B \times H$】；

（2）墙体：按【区域】_【楼层】_【部位】_【剪力墙】_【材质】_【厚度】；

（3）梁：按【区域】_【楼层】_【梁编号】_【材质类型】_【尺寸】；

（4）楼板：按【区域】_【楼层】_【楼板编号】_【材质类型】_【厚度】；

（5）基础：按【区域】_【基础编号】_【材质类型】_【厚度】。

4．视图命名

视图命名分建筑专业、结构专业、视图样板三类，见表 3-2～表 3-4。

建筑专业视图命名　　　　　　　　　　　　　　　　表 3-2

序号	视图类别	前缀	代号	顺序号	示例
1	楼层平面	A	01	001	A01001_1F 建模平面
2					A01002_2F 建模平面
3	大样图	A	02	001+索引号	A02001_ 楼梯详图
4					A02002_ 楼板构造详图
5	立面图	A	03	无	A03_ 南立面图
6					A03_ 北立面图
7	剖面图	A	04	001	A01001_ 防火门剖面
8					A01002_KZ11 剖面
9	图纸	A	05	001	A05001_1F 建筑平面图

结构专业视图命名　　　　　　　　　　　　　　　　表 3-3

序号	视图类别	前缀	视图代号	子专业代号	顺序号	示例
1	楼层平面	S	01	Z（柱）	001	SZ01001_1F（0.00）墙柱建模平面
2					002	SZ01002_2F（3.50）墙柱建模平面
3				L（梁）	001	SL01001_1F（0.00）梁建模平面
4					002	SL01002_2F（3.50）梁建模平面
5				B（板）	001	SB01002_1F（0.00）板建模平面
6					002	SB01002_2F（3.50）板建模平面
7	大样图	S	02	无	001+索引号	S02001_ 楼梯详图
8					002+索引号	S02002_ 楼板构造详图
9	立面图	S	03	无	001	S03_ 南立面图
10					002	S03_ 北立面图
11	剖面图	S	04	无	001	S04001_ 积水坑剖面
12					002	S04002_KZ11 剖面
13	图纸	S	05	同相应专业	001	SZ05001_1F（0.00）墙柱平面图
14					001	SL05001_1F（0.00）梁平面图
15					001	SB05001_1F（0.03）墙柱平面图

视图样板命名　　　　　　　　　表 3-4

序号	专业	子专业	编号	代码	示例
1	建筑		建筑平面	A01	A01 建筑视图
2	建筑		防火平面	A02	A02 防火分区视图
3	建筑		防烟平面	A03	A03 防烟分区视图
4	结构	墙柱	墙柱	S01	S01 结构墙柱视图
5	结构	梁	梁	S02	S02 结构梁视图
6	结构	板	板	S03	S03 结构板视图

三、样板文件设定

样板文件的设定由企业根据自身建模和制图习惯创建，包括统一的建模规则（命名规则、剪切规则、工作集规则、对象颜色设置规则等）和制图规则（文字样式、字体大小、标注样式、线型等）。

1. 新建样板文件

启动 Revit 软件，在列表中选择【新建】→【项目】，如图 3-2 所示。

根据所属专业，在样板文件下拉菜单中选取样板，点击【确定】即可，如图 3-3 所示。

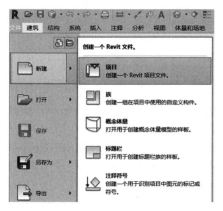

图 3-2　Revit 新建项目示意图　　　　图 3-3　样板文件选取示意图

2. 标高建立

进入任意立面视图，通常样板中会有预设标高，依据 CAD 图纸所示标高，创建样板文件的标高；或者在立面视图中插入含有标高信息的 CAD 图纸，拾取标高线。

（1）在工具条中选择【标高】→【绘制】→【直线】命令，如图 3-4 所示。

图 3-4　标高命令示意图

（2）在属性栏顶部选取需要的标高样式，双击后变成可输入模式，可将原有的名称修改为"1F"，输入标高间距，完成绘制（这里的标高单位通常是米），如图3-5所示。

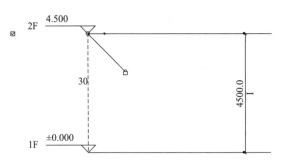

图3-5 立面视图中的标高示意图

（3）修改标高高度，单击需要修改的标高，如2F，在1F和2F之间会显示一条蓝色临时尺寸标注，双击临时尺寸标注上的数值可以对其进行修改。

（4）选择一层标高，选择"修改标高"选项卡，然后在"修改"面板中选择"复制"，并在选项栏中勾选"约束"及"多个"复选框（目的是可以保证正交对齐且连续性执行多次操作），可快速生成所需标高，如图3-6所示。

图3-6 修改标高选择卡的复制示意图

通过复制命令生成的标高，在"项目浏览器"中不会自动生成与之对应的楼层平面。

将光标移回绘图区域，在标高F2上单击，向上移动，可直接用键盘输入新标高与被复制标高的间距数值，点击回车键即可完成绘制。

（5）重复上述操作，根据各个楼层层高间隔，可完成后续标高的绘制。全部标高复制完成后，单击鼠标右键"取消"或者键盘【esc】结束本次复制命令，如图3-7所示。

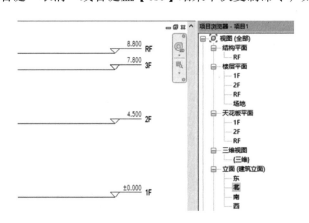

图3-7 项目浏览器视图示意图

注意：标高绘制完成后，选中全部标高，【修改/标高】→【修改】→【锁定】，确保标高固定于原位，不会因误操作发生偏差，如图3-8所示。

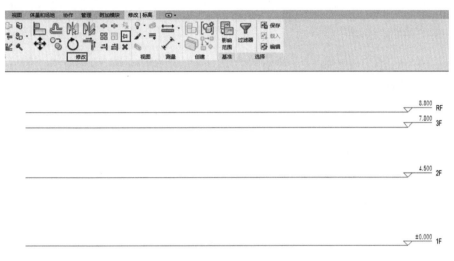

图3-8　锁定标高示意图

选择"视图"选项卡，在"平面视图"面板中选择"楼层平面"命令。在弹出的"新建楼层平面"对话框中单击第一个标高，按住【shift】键单击最后一个标高，选中所有的标高，单击"确定"即可，如图3-9、图3-10所示。

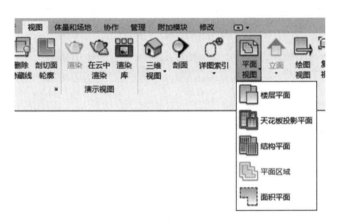

图3-9　平面视图示意图　　　　　　　　　图3-10　新建楼层平面示意图

3. 轴网建立

（1）链接CAD：在"项目浏览器"中选择任意一个楼层，进入该楼层平面。选择【插入】→【链接CAD】。在弹出的"链接CAD格式"对话框中将"导入单位"切换成"毫米"，"定位"方式选为"自动 – 原点到原点"，勾选"仅当前视图"（不勾选会出现在每个楼层中），单击【打开】完成链接CAD，如图3-11所示。

（2）在建筑（或者结构）中，选择【轴网】→【绘制】→【拾取线】，进入放置轴网模式，软件将自动切换至"放置轴网"上下文选项卡，使用"拾取线"依次拾取CAD底图上的轴线，生成模型文件中的轴网，如图3-12、图3-13所示。

图 3-11　链接 CAD 文件设置示意图

图 3-12　轴网拾取线示意图

注意：绘制第一根纵轴和第一根横轴时需要注意修改轴网编号，后续编号将自动排序。软件不能自动排除"I""O""Z"字母作为轴网编号，容易和数字 1，0，2 混淆，需手工排除。

（3）轴网绘制完毕后，选择所有的轴线，自动激活"修改轴网"选项卡。在"修改"面板中选择"锁定"命令锁定轴网，以免以后工作中错误操作移动轴网位置，如图 3-13 所示。

4．结构标高和建筑标高协作

（1）进入任意立面视图，选择【协作】→【复制/监视】→【使用当前项目】→【复制】（并勾选多个）→【选项】→【标高】→【确定】，其中标高偏移和为标高名称添加前缀可以根据实际项目进行输入，如图 3-14～图 3-16 所示。

（2）在立面视图中框选需要复制的标高，点击【shift】取消不需要偏移的标高，点击【完成】即可。选择"视图"选项卡，在"平面视图"面板中选择"楼层平面"命令。在弹出的"新建楼层平面"对话框中单击第一个标高，按住【shift】键单击最后一个标高，选中所有的标高，单击"确定"即可，如图 3-17 所示。

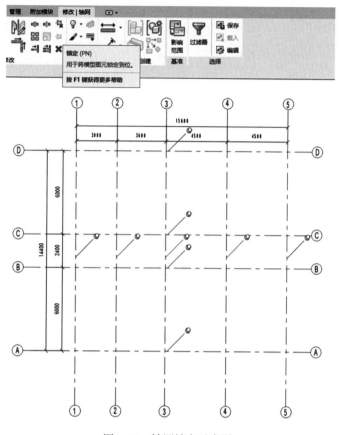

图 3-13 轴网锁定示意图

图 3-14 复制监视示意图

图 3-15 复制多个示意图

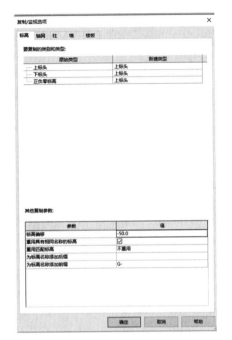

图 3-16 复制监视选项示意图

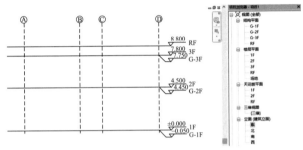

图 3-17 标高协作示意图

建筑、结构专业模型构建的主要目的是利用 BIM 软件进一步细化建筑、结构专业在方案设计阶段的三维几何实体模型，以达到完善建筑、结构设计方案的目标，为施工图设计提供设计模型和依据。

本节采用的建模顺序为先绘制标高，再绘制轴网。这样在立面图中，轴网将显示于最上层的标高上方，才可以保证所绘制的轴线在各层标高视图均可见。

第二节 结构专业建模

由于结构专业的一些构建可以作为其他专业的参照，因此本书先做结构专业的建模。

一、结构柱

1. 单击【结构】→【柱】，从类型选择器中选择适合尺寸规格的柱类型，如果没有，则单击"类型属性"弹出"类型属性"对话框，编辑柱属性，如图 3-18 所示。

如果没有需要的柱类型，可以直接在创建结构柱过程中载入所需结构柱族，如图 3-19 所示。

在结构柱的类型属性对话框中，单击族的三角形下拉菜单，选择所需要的柱族，然后单击【复制】按钮。以 1 层柱平面布置图 KZ1 为例，输入名称：F1_KZ1_JT_450×450（矩形混凝土柱），

图 3-18 类型属性对话框示意图

单击【确定】按钮，在尺寸标注栏中输入相应的长度（b）、宽度（h）尺寸，最后单击【确定】按钮，如图 3-20 所示。

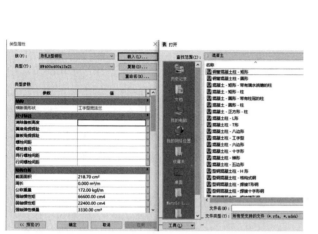

图 3-19　选择所需要载入柱族示意图

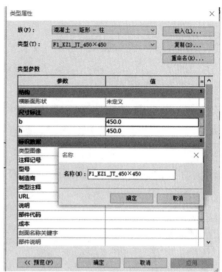

图 3-20　结构柱命名示意图

2. 单击【修改/放置结构柱】→【放置面板】→【垂直柱】命令，如图 3-21 所示；也可以使用轴网交点命令（在轴网处）从右下角向左上角交叉框选轴网的交点，单击【完成】按钮，如图 3-22 所示。

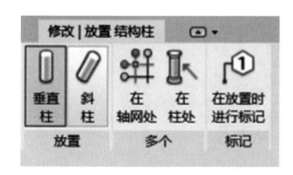

图 3-21　放置垂直柱示意图

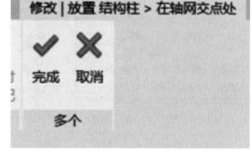

图 3-22　在轴网交点处完成示意图

放置柱时，使用【空格键】可以更改柱的放置方向。按【空格键】柱会发生旋转，以便与选定位置的相交轴网对齐，如果不存在轴网情况下按【空格键】会使柱发生 90°旋转，将柱放在轴网交点时会高亮显示。

在选项栏中指定以下内容，如图 3-23 所示。

图 3-23　选项栏内容示意图

放置后旋转：勾选后可以在放置柱后立即将其旋转。

深度：此设置为从柱的底部向下绘制。比如：水井的深度，悬崖的深度，挖土的深度。

高度：此设置为从柱的底部向上绘制。比如：山的高度，树的高度，楼房的高度。

标高：设定柱另一端的位置。可以选择已定义的结构标高（如 G-1F、G-2F）或者选择"未连接"直接指定柱的高度。

二、结构梁

1. 单击【结构】→【梁】，从类型选择器中选择适合尺寸规格的柱类型，如果没有则单击"类型属性"弹出"类型属性"对话框，编辑梁属性，如图 3-24 所示。以一层楼面梁配筋图 KL1 为例，输入名称：F1_KL1_JT_240×770（矩形混凝土梁），单击【确定】按钮，在尺寸标注栏中输入相应的宽度（b）、高度（h）尺寸，最后单击【确定】按钮，如图 3-25 所示。

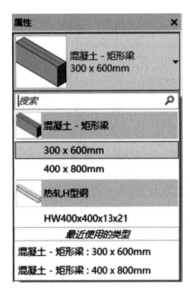

图 3-24　类型选择器示意图

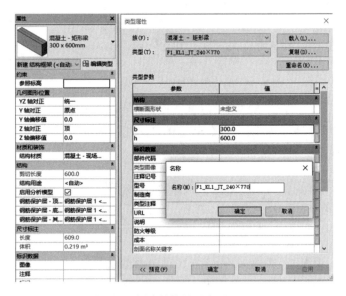

图 3-25　创建结构梁示意图

如果没有所需要的梁类型，可以直接在创建结构梁过程中载入所需梁族，如图 3-26 所示。

2. 在选项栏中选择梁的放置平面，从"结构用途"下拉列表中选择梁的结构用途或让其处于自然状态，结构用途参数可以包括在结构框架明细表中，这样可以方便计算大梁、水平支撑、托梁和檩条的数量；勾选"三维捕捉"，通过捕捉任何视图中的其他结构图元，可以创建新梁，这样可以在当前工作面之外绘制梁和支撑；要绘制多段连接的梁时，可以勾选"链"复选框，这样可以实现上一根梁的终点作为下一根梁的起点不间断地连续绘制，如图 3-27 所示。

在平面视图中，单击起点和终点绘制梁。当绘制梁时，鼠标会捕捉其他结构构件，也可以使用轴网的命令，拾取轴线或框选轴线，单击"完成"，系统会自动在柱、结构墙和其他梁之间放置梁，如图 3-28 所示。

3. 先在视图中选中梁图元，会自动激活上下文选项卡"修改/结构框架"，然后在属性面板中选择要修改的内容（起点标高偏移、终点标高偏移等），如图3-29所示。

4. 在绘制梁时，为了能让相交处正确显示，需要进行梁的连接编辑。单击"修改"选项卡"几何图形"面板中的"梁/柱连接"，将各梁进行连接，选中箭头，即可将各个梁连接为需要的方式，如图3-30所示。

图 3-26　选择所需要载入梁族示意图

图 3-27　放置梁命令条示意图

图 3-28　绘制梁命令示意图

图 3-29　梁属性信息示意图

图 3-30　连接面板示意图

三、结构楼板

1. 单击【结构】→【楼板】→【楼板：结构】，如图 3-31 所示。

2. 选择结构楼板之后，需要对楼板的属性（板名称、厚度、材料）进行设置，如图 3-32 所示。

3. 板的属性设置完毕之后，会进入绘制轮框草图模式，可以按照直线、矩形和拾取线方式绘制，按照施工设计图纸上楼板区域绘制完成之后（洞口处也需要绘制），点击面板上"√"命令完成楼板的绘制，如图 3-33 所示。

图 3-31　结构楼板示意图

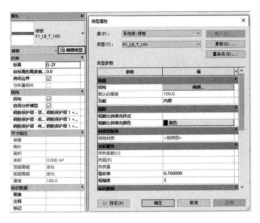

图 3-32 结构楼板属性示意图

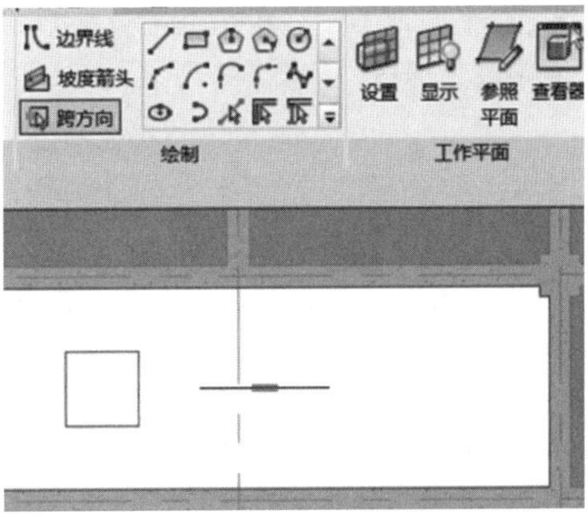

图 3-33 结构楼板边界示意图

四、结构墙

1. 单击【结构】→【墙】→【墙：结构墙】，如图 3-34 所示。

2. 选择结构墙之后，需要对墙的属性（墙名称、厚度、材料）进行设置。以基础平面布置图 TJ-1 为例，输入名称：基础_TJ_煤矸石普通砖，单击【确定】按钮，在"类型参数"对话框中单击【编辑】，下拉选择"名称"，在高度栏输入相应的数值即可。叠层墙是一种由若干个不同的基本墙类型相互堆叠在一起而组成的主墙，可以在不同高度定义不同的墙厚、复合层以及材质，如图 3-35、图 3-36 所示。

图 3-34 结构墙示意图

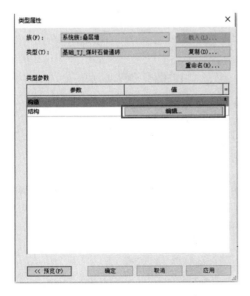

图 3-35 结构墙类型属性示意图

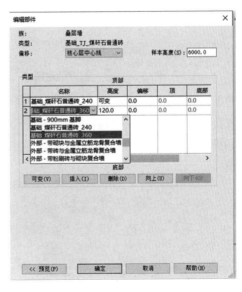

图 3-36 结构墙类型参数示意图

3. 在平面视图中，单击起点和终点绘制墙，需要注意的是在绘制墙之前，要把"选项栏"中改为深度，如图 3-37 所示。

图 3-37　结构墙绘制参数示意图

五、基础

1. 独立基础

（1）【结构】→【基础】→【独立】，从类型选择器中选择适合尺寸规格的独立基础类型，如果没有则单击"类型属性"弹出"类型属性"对话框，编辑独立基础属性。以基础平面布置图 DJp01 为例，输入名称：基础_DJp01_PT_2500×2500（坡形混凝土独立基础），单击【确定】按钮，在尺寸标注栏中输入相应的尺寸，最后单击【确定】按钮，如图 3-38、图 3-39 所示。

图 3-38　独立基础示意图

图 3-39　独立基础属性示意图

（2）单击【修改/放置独立基础】→【放置面板】→【在柱处】命令；也可以使用轴网交点命令（在轴网处）从右下角向左上角交叉框选轴网的交点，单击【完成】按钮，如图 3-40 所示。

图 3-40　放置独立基础示意图

2. 条形基础

（1）【结构】→【基础】→【墙】，从类型选择器中选择适合尺寸规格的独立基础类型，如果没有则单击"类型属性"弹出"类型属性"对话框，编辑条形基础属性，如图3-41所示。

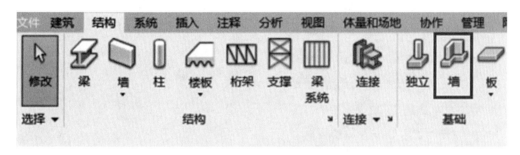

图 3-41　条形基础示意图

（2）单击【修改/放置 条形基础】→【放置面板】→【选择多个】命令，单击【完成】按钮，如图3-42所示。

图 3-42　放置条形基础示意图

3. 垫层

垫层可以使用结构基础楼板，也可以使用楼板进行处理。因垫层属于基础构件，本案例采用基础楼板进行建模。

（1）【结构】→【基础】→【板】→【结构基础楼板】，如图3-43所示。

（2）选择结构基础楼板之后，需要对基础底板的属性（板名称、厚度、材料）进行设置，厚度需要点击【编辑】进入"编辑部件"，最后点击【确定】按钮，如图3-44、图3-45所示。

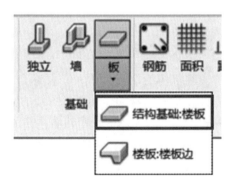

图 3-43　垫层布置命令示意图

（3）板的属性设置完毕之后，会进入绘制轮廓草图模式，可以按照直线、矩形和拾取线方式绘制，按照施工设计图纸上楼板区域绘制完成之后（洞口处也需要绘制），点击面板上"√"命令完成楼板的绘制，如图3-46所示。

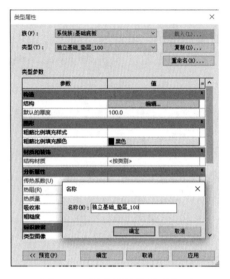

图 3-44　创建垫层构件示意图　　　图 3-45　编辑部件示意图

图 3-46　楼层边界示意图

第三节　建筑专业建模

一、建筑墙

在墙体绘制过程中，需要综合考虑墙体高度、构造做法、立面显示、墙身大样详图、图纸的粗略和精细程度的显示（各种视图比例的显示）及内外墙体的区别等因素。

1.【建筑】→【墙】→【建筑墙】，结构墙为创建承重墙和抗剪墙（剪力墙）时使用，在使用体量面或常规模型时选择面墙，如图 3-47 所示。

2. 选择建筑墙之后，可在类型选择器中选择建筑墙的类型，如图 3-48 所示。若在默认类型中没有所需墙，需点击【编辑类型】，在弹出的对话框中点击【复制】，创建新的墙体类型，如图 3-49 所示。点击【编辑】进入【编辑部件】窗口，在弹出的材质浏览器中搜索到名称"砌块"的材质，复制并改为

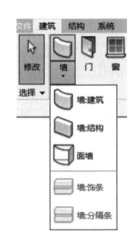

图 3-47　建筑墙菜单示意图

"加气混凝土砌块",单击【确定】按钮,并将厚度改为"200",如图3-50所示。

图3-48 建筑墙属性示意图

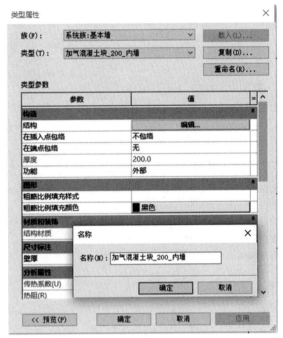
图3-49 建筑墙类型属性示意图

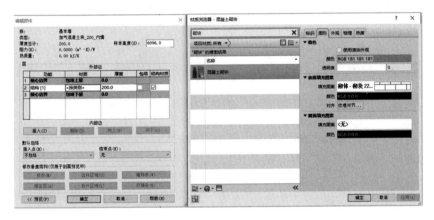
图3-50 建筑墙材质的添加示意图

在【修改/放置 墙】选项栏中可对墙高度、定位线、偏移值、墙链、半径进行设置。在绘制面板中选择直线、矩形、多边形、弧形等绘制方法进行墙体绘制,如图3-51所示。

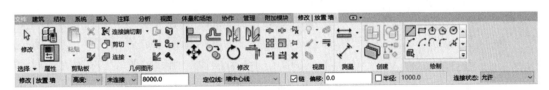
图3-51 建筑墙参数示意图

3. 在视图中选取两点，直线绘制墙体。应顺时针绘制墙体，因为在 Revit 中有内墙面和外墙面的区别。若画反时，可选中相应墙体，单击空格键翻转墙体的内外面。

4. 选择已绘制墙体，自动激活"修改/墙"选项卡和"属性"对话框，即可修改墙的参数，包括设置所选墙体的定位线、高度、基面和顶面的位置及偏移，如图 3-52、图 3-53 所示。

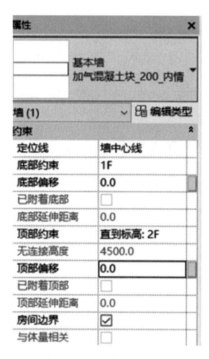

图 3-52　建筑墙修改属性示意图

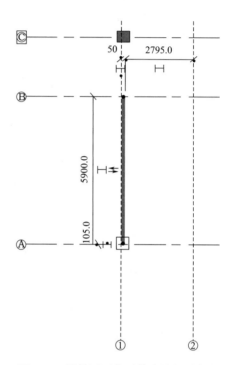

图 3-53　墙体平面位置信息编辑示意图

二、门窗

门窗插入时，只需要在大致位置插入即可，通过修改临时尺寸标注来精确定位。在平面中插入门窗时，输入"SM"，门窗还会自动捕捉到中点位置；在墙内外移动鼠标可以改变内外开启方向；按空格键可以快速调整门的开启方向。

门窗的布置依赖于墙，当删除墙体时，门窗也会随之被删除。

1.【建筑】→【门】或者【窗】，如图 3-54 所示。

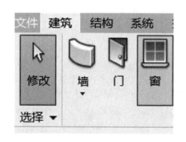

图 3-54　门窗菜单示意图

2. 在【属性】→【编辑类型】中选择所需的门或窗类型，如果没有所需要的类型，可选择从【插入】的选项卡【载入族】面板载入。

3. 在选定的楼层平面，点击【修改/放置 门】→【标记面板】→【在放置时进行标记】放置门窗后，会自动标记门窗，勾选【引线】可设置引线的长度。在墙主体上移动鼠标单击【放置】即可，如图 3-55 所示。

4. 选择已绘制的"门"，激活【修改/门】选项卡，选择【主体面板】中的【拾取新主体】命令,可更换放置门的主体,即把门移动放置到其他的墙上,如图 3-56 所示。

图 3-55 门窗布置选项栏示意图

图 3-56 门窗主体面板示意图

5. 在平面插入窗时,窗台高为"默认窗台高"的参数值,在立面上,可以随意位置插入窗,当插入窗族时,立面会出现绿色虚线,此窗台高度是基于距离底部最近标高加上"默认底标高"的参数值。

在实际工程中,当外墙采用保温做法时,需结合剖面框对在内部的墙体进行开洞处理,方法采用【建筑】→【洞口面板】→【墙】进行节点处理,如图 3-57 所示。

图 3-57 门洞口示意图

三、建筑楼板

建筑标高常用于建筑面层中。值得注意的是,往往卫生间、厨房和阳台的标高会比其他区域降低。以一层平面图(建施 -3)会议室(A ~ B/③-⑤轴)为例:

1.【建筑】→【构件面板】→【楼板】→【楼板:建筑】,进入绘制轮廓草图模式,此时会自动激活【创建楼层边界】选项卡,如图 3-58 所示。

2. 选择【绘制面板】→【线】,绘制封闭楼板轮廓,完成楼板轮廓的输入。在选项栏中指定楼板边缘的偏移量,同时勾选"延伸到墙中(至核心层)",拾取墙时可拾取到有涂层和构造层的复合墙的核心边界位置,完成草图绘制后,单击【完成模式】,即可生成楼板,如图 3-59 所示。

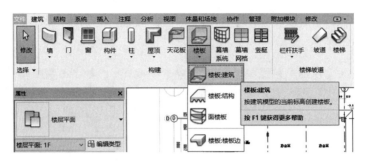

图 3-58 建筑楼板菜单示意图

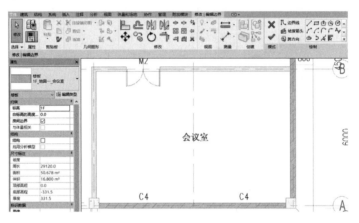

图 3-59 建筑楼板绘制示意图

四、楼梯

楼梯的绘制可以采用构件法，也可以采用草图法，按照实际工程中的习惯一般采用构建法，本案例也按照构建法进行讲解。根据不同的楼梯形式，可以选择不同构件绘制楼梯。

1.【建筑】→【楼梯坡道面板】→【楼梯】→【直梯】，进入绘制楼梯草图模式。自动激活"创建楼梯"选项卡，选择绘制面板的梯段，直接绘制楼梯。绘制梯段时，是从梯段中心未定位线开始绘制的，如图 3-60 所示。

图 3-60 楼梯菜单示意图

2. 在属性面板中，单击【编辑类型】，弹出"类型属性"对话框，创建需要的楼梯样式，单击【确定】完成。

3. 在属性面板中设置楼梯宽度、标高、偏移等参数，系统会自动计算实际的踏步宽度和踏步数，单击【确定】即可。

第四章　施工图纸

第一节　建筑专业

一、建筑设计说明，如图4-1所示

建筑设计说明

一、工程概况
1. 工程名称：综合办公楼。
2. 建设地点：××园区，具体位置详见总平面图。
3. 项目概况：本工程地上两层，建筑高度8.40m；总建筑面积470.12m², 建筑基底面积235.06m²。
4. 建筑结构形式为框架结构。设计使用年限为50年，抗震设防烈度为七度。
5. 本工程为多层公共建筑，耐火等级为二级。

二、墙体工程
本工程墙体采用挤塑板外保温，分为钢筋混凝土梁、柱、加气混凝土砌块填充墙等，设计要求如下：
1. 钢筋混凝土梁柱位置、尺寸及做法详结构施工图及其设计总说明，专用胶粘剂满粘50厚挤塑聚苯保温板。
2. 内墙：
  2.1：填充墙采用蒸压加气混凝土砌块。现拌M5混合砂浆，墙厚为200厚。
  2.2：填充墙抗震构造、填充墙墙柱连接、框架插筋、过梁、构造柱及圈梁等设置要求详结构施工图设计总说明及相关规范或图集。
  2.3：填充墙上的预留洞详见设备专业施工图、建筑平面图或放大图，小于300mm×300mm的洞口砌筑时可不预留。
3. 外围护墙：
  3.1：外维护墙采用蒸压加气混凝土砌块，现拌M5混合砂浆，墙厚为240mm，外贴保温层为挤塑聚苯保温板。

三、防水设计
楼层防水：卫生间楼面采用1.5厚聚氨酯防水涂膜(两遍)，内墙抹1.5厚聚氨酯防水涂膜再贴磁砖。
凡水湿房间，楼面找坡1%坡向地漏或排水口，凡管道穿过楼板，须预埋套管，高出地面50mm，管根嵌防水胶；预留洞边做混凝土坎边，高50mm。
屋面排水：屋面采用有组织排水，落水管采用ϕ110UPVC管

四、其余不明做法详做法表

工程名称	综合办公楼	工程号	
项目名称	综合办公楼	图　号	建施-1
图　名	建筑设计说明	日　期	
		第1张	共10张

图4-1　建筑设计说明

二、做法表，如图4-2所示

做法表

构件	图集号	适用型号	做法说明	备注
散水	L13J1	散1	1. 60厚C20混凝土，上撒1:1水泥沙子压实抹光；2. 150厚3:7灰土；3. 素土夯实；4. 沿外48%	适用于一层散水
坡道	L13J1	坡3	1. 20厚1:2水泥砂浆抹面，15宽水泥金刚砂防滑条；2. 素水泥浆一道；3. 60厚C15混凝土垫道；4. 300厚3:7灰土；5. 素土夯实	适用于一层坡道及无障碍坡道
台阶	L13J9-1	103页2	1. 40厚花岗石踏步板和踢面板（石板长1500），正背面及四周边满涂防污剂，灌稀水泥浆擦缝；2. 30厚1:4硬性水泥砂浆粘结层；3. 素水泥浆结合层；4. 60厚C20混凝土；5. 300厚夯滩M2.5混合砂浆；6. 素土夯实	适用于一层台阶
地面一	L13J1	地409	1. 8~10厚花岗石地砖铺实拍干，稀水泥浆擦缝；2. 20厚1:3干硬性水泥砂浆结合层；3. 素水泥浆一道；4. 最薄处50厚C15豆石混凝土随打随抹平上下配φ双向@50钢丝网片，中间散热管埋设槽；5. 1.5厚聚氨酯防水涂料防潮层；6. 20厚1:3水泥砂浆找平层；7. 20厚1:3水泥砂浆找平层；8. 素水泥浆一道；9. 60厚C15混凝土垫层；10. 150厚3:7灰土；11. 素土夯实	适用于一层卫生间、配电间、楼梯间等房间，面砖采用800mm×800mm全瓷砖
地面二	L13J1	地409F	1. 8~10厚防滑地砖铺实拍干，稀水泥浆擦缝；2. 20厚1:3干硬性水泥砂浆结合层；3. 1.5厚聚氨酯防水涂料防水层；4. 最薄处50厚C15豆石混凝土随打随抹平上下配φ双向@50钢丝网片，中间散热管埋设槽；5. 1.5厚聚氨酯防水涂料防潮层；6. 20厚1:3水泥砂浆找平层；7. 20厚1:3水泥砂浆找平层；8. 素水泥浆一道；9. 60厚C15混凝土垫层；10. 150厚3:7灰土；11. 素土夯实	适用于一层卫生间浴室房间。面砖采用800mm×800mm全瓷砖，地面标高降低20mm
楼面一	L13J1	楼409	1. 8~10厚花岗石地砖铺实拍干，稀水泥浆擦缝；2. 20厚1:3干硬性水泥砂浆结合层；3. 素水泥浆一道；4. 最薄处50厚C15豆石混凝土随打随抹平上下配φ双向@50钢丝网片，中间散热管埋设槽；5. 20厚挤塑聚苯板（二层50厚）；6. 1.5厚聚氨酯防水涂料防水层；7. 20厚1:3水泥砂浆找平层；8. 素水泥浆一道；9. 楼板	适用于二层以上卫生间、浴室、电井等房间
楼面二	L13J1	楼409F	1. 8~10厚防滑地砖铺实拍干，稀水泥浆擦缝；2. 20厚1:3干硬性水泥砂浆结合层；3. 1.5厚聚氨酯防水涂料防水层；4. 最薄处50厚C15豆石混凝土随打随抹平上下配φ双向@50钢丝网片，中间散热管埋设槽；5. 20厚挤塑聚苯板（二层50厚）；6. 1.5厚聚氨酯防水涂料防水层；7. 20厚1:3水泥砂浆找平层；8. 素水泥浆一道；9. 楼板	适用于二层卫生间，浴室，面砖采用800mm×800mm全瓷砖
楼面三	L13J1	楼201	1. 8~10厚防滑地砖铺实拍干，稀水泥浆擦缝；2. 20厚1:3干硬性水泥砂浆结合层；3. 素水泥浆一道；4. 楼板	适用于楼梯踏步、面砖采用踏步宽等全瓷砖（带防滑条）
踢脚	L13J1	踢3C	1. 2厚聚合物专用界面砂浆批点；2. 7厚1:3水泥砂浆；3. 6厚1:2水泥砂浆；4. 素水泥浆一道；5. 3厚1:水泥浆加水重20%结合层；6. 5厚全瓷砖；单块长800mm×150mm	适用于除卫生间、浴室、电井等房间
内墙一	L13J1	内墙6CF1	1. 2厚聚合物专用界面砂浆批点；2. 7厚1:1:6水泥石灰砂浆打底扫毛；3. 6厚1:0.5:2水泥石灰砂浆压实抹平；4. 1.5厚聚氨酯防水涂料；5.素水泥浆一道；6. 5厚面砖，白水泥浆擦缝	适用于卫生间、浴室，面砖采用300mm×450mm全瓷砖
内墙二	L13J1	内墙3C	1. 2厚聚合物专用界面砂浆批点；2. 7厚1:1:6水泥石灰砂浆打底扫毛；3. 6厚1:0.5:3水泥石灰砂浆压实抹平；4. 20厚1:3水泥砂浆采用白色仿瓷涂料	饰面layer采用白色仿瓷涂料
顶棚一	L13J1	楼6	1. 刷JL1型轻钢龙骨吊顶墙龙骨层；2. 7厚1:0.3:3水泥石灰砂浆找平层；3. 主龙骨中距600mm，改龙骨中距100mm，横撑龙骨中距600mm；4. 8厚PVC板面层，用自攻丝固定	适用于卫生间、浴室
顶棚二	L13J1	顶2	1. 楼板底清理干净；2. 2厚成品腻子两遍刮平；3. 饰面层采用白色仿瓷涂料两道	适用于除卫生间、浴室、电井等房间

注：外墙及屋面做法详墙身大样

工程名称	综合办公楼
项目名称	做法表
图 名	做法表
工程号	建施-2
图 号	
日 期	
	第2张 共10张

图4-2 做法表

三、一层平面图，如图 4-3 所示。

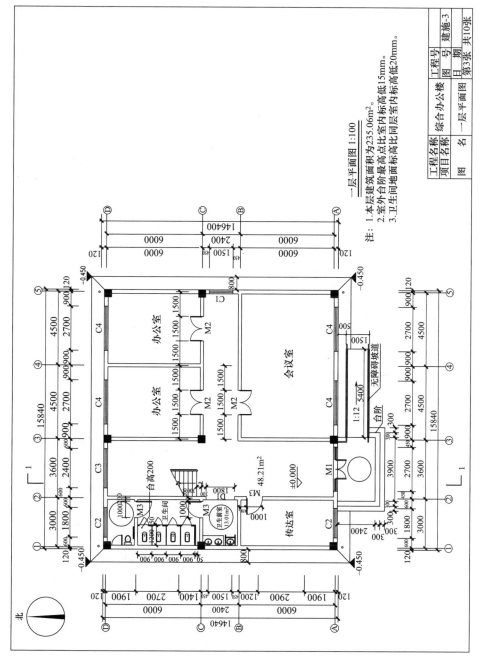

图 4-3 一层平面图

四、二层平面图,如图 4-4 所示。

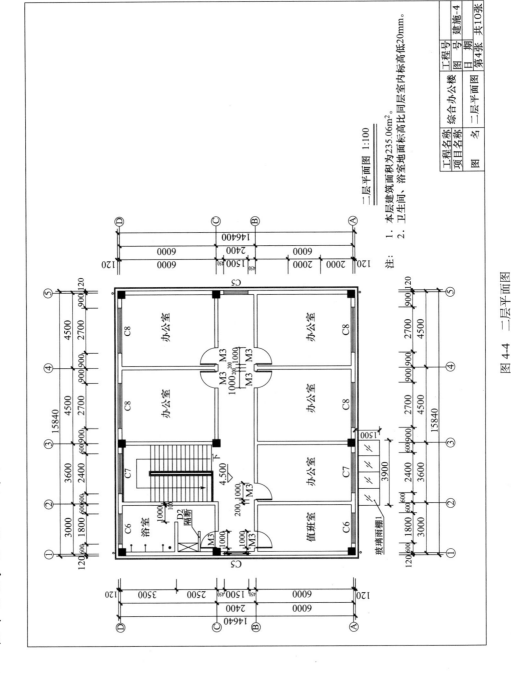

图 4-4 二层平面图

五、屋面平面图，如图 4-5 所示

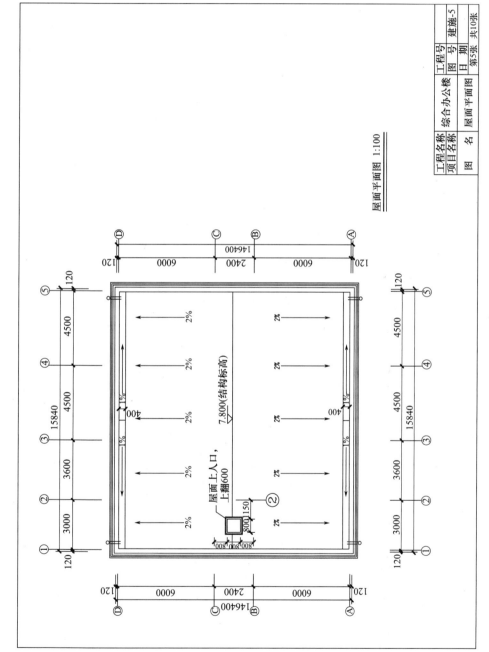

图 4-5 屋面平面图

六、南北立面图，如图4-6所示。

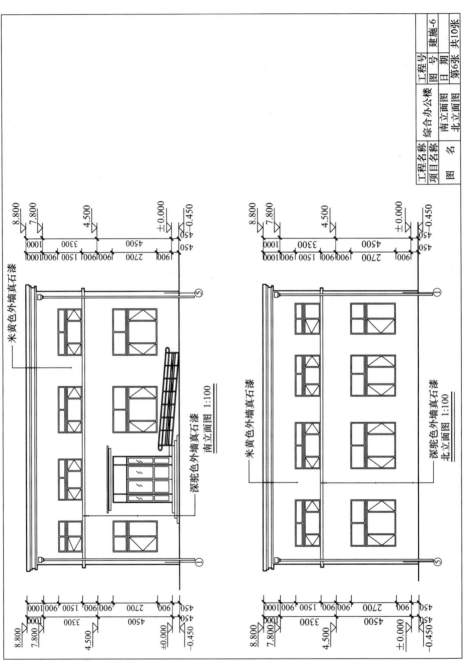

图4-6 南北立面图

七、东西立面图，如图4-7所示

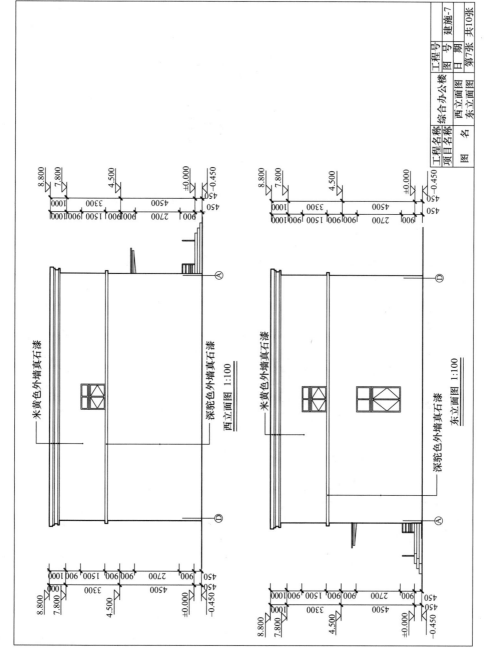

图4-7 东西立面图

八、楼梯图，如图 4-8 所示。

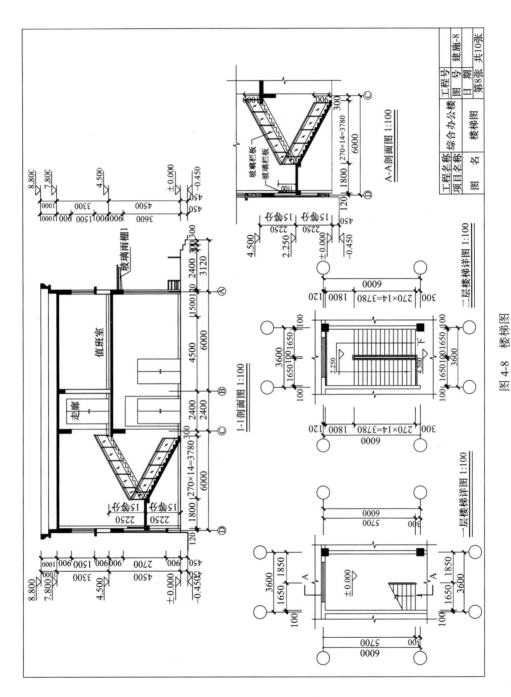

图 4-8 楼梯图

九、门窗表，如图4-9所示。

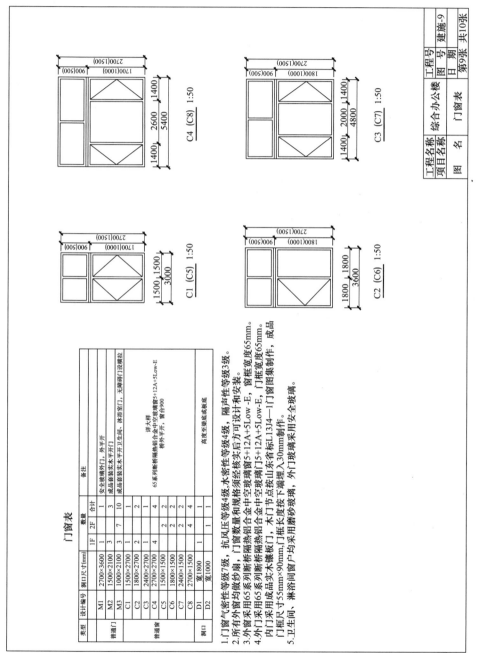

图4-9 门窗表

十、大样图，如图 4-10 所示。

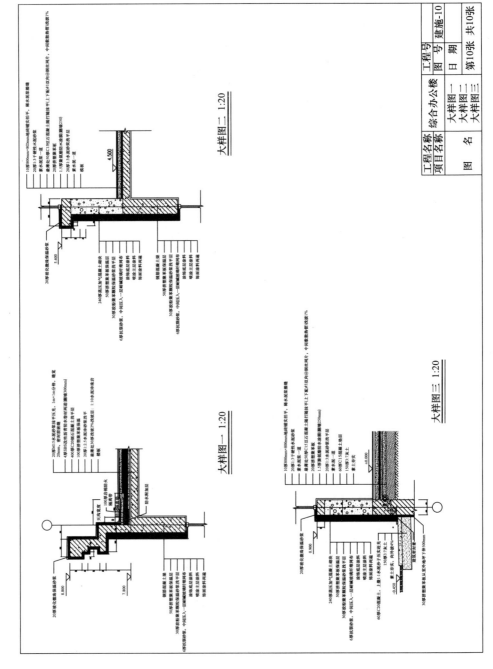

图 4-10 大样图

第二节　结构专业

一、结构设计说明，如图 4-11 所示

结构设计说明

一	工程概况：
	本工程位于山东省。主体结构为地上二层，主体高度为7.800m，结构形式为框架结构，
	抗震等级为三级，抗震设防类别为标准设防类，抗震设防烈度为7度(0.10g)。
二	地基基础：
2.1	开槽至设计标高后及时钎探，深度为1.8m，共计6步，每步0.3m，每钎间距1.0m，梅花形布置。
2.2	基础施工完成验收后应立即回填，建筑物四周及室内均回填素土，填料必须分层夯实，分层
	厚度不得大于300，压实系数不得小于0.97。
三	主要结构材料：
3.1	混凝土强度等级见附表一，卫生间、盥洗室部位均采用抗渗混凝土，抗渗等级为P6级；
3.2	焊条：HPB300钢筋采用F43xx型，HRB400钢筋采用F50xx型，钢筋与型钢焊接
	随钢筋定焊条。焊缝高度除注明外均为6mm；
四	钢筋混凝土构件统一构造要求：
4.1	室外露天环境及±0.000以下环境类别为二b类，卫生间、屋面为二a类，其余为一类；
	最外层钢筋的的混凝土保护层厚度：相应各类环境下构件最外层钢筋的保护层的厚度应符合
	附表二规定，且纵向受力钢筋保护层厚度不应小于钢筋的公称直径。
4.2	钢筋连接形式及要求：
	直径大于25的HRB400级钢筋应采用机械连接；
4.3	纵向受拉钢筋的锚固长度$La=35d$(d为钢筋直径)
	受拉钢筋的搭接长度，搭接接头为25%时，$Ll=42d$(d为钢筋直径)
	受拉钢筋的搭接长度，搭接接头为50%时，$Ll=49d$(d为钢筋直径)
	受拉钢筋的机械连接和焊接时，连接区段长度为$35d$(d为钢筋直径)。
	受拉钢筋的搭接接头面积百分率，梁构件为25%，柱构件为50%。
五	后砌填充墙等构件构造措施：
5.1	填充墙的材料见附表三。
5.2	砌体填充墙与框架柱交接处每500高度应设置Φ6的墙体通长拉结筋，
5.3	过梁：门窗洞口的过梁详附表四 ______

注：1.本工程使用扣件式钢管脚手架(落地)，设置平挂式安全网、(钢管)挑出式安全网各一道。
2.本工程现浇混凝土使用复合木模板(钢支撑)，复合木模板周转两次。
3.本工程现浇混凝土采用汽车泵浇注，垂直运输机械为自升式塔式起重机、卷扬机各-台，塔式起重机现浇混凝土基础(C30,常规配置钢筋和地脚螺栓略)体积$16m^3$。

六	其他：
6.1	本工程场地的地下水位标高为-3.000m。
6.2	卫生间周边墙体设素混凝土翻沿详见图01，翻沿与梁或圈梁及现浇板整体浇筑；
七	图集：
7.1	本图参考的图集为22G101-1，22G101-2，22G101-3。

附表一

类别	楼层	钢筋	钢筋符号	混凝土
基础		HRB400	Φ	C30
框架柱、框架梁、楼梯梯段板	基础顶～屋顶	HRB400	Φ	C30
非框架梁	基础顶～屋顶	HRB400	Φ	C30
混凝土板	基础顶～屋顶	HRB400	Φ	C30
素混凝土垫层				C20
楼梯		HRB400	Φ	C30
砌体腰梁、压顶、圈梁、构造柱		HRB400	Φ	C25

本图中Φ表示钢筋型号为HRB400，混凝土为商用混凝土。

附表二

环境类别		板、剪力墙	梁	柱	备注
一		15	20	20	基础底板中纵向受力钢筋保护层为50mm。
二	a	20	25	25	
	b	25	35	35	

附表三

砌体类别	砌块	砂浆
±0.000以下墙体	MU20烧结煤矸石普通砖(240mm×115mm×53mm)	Mb7.5水泥砂浆
内填充墙	蒸压加气混凝土砌块	Mb5.0混合砂浆
外填充墙	蒸压加气混凝土砌块	Mb5.0混合砂浆

附表四：过梁选用表

门窗洞口(mm)	过梁尺寸	配筋		
		①	②	③
$L\leqslant1000$	墙厚×120	2Φ10	2Φ12	Φ6@250
$1000<L\leqslant2100$	墙厚×150	2Φ12	3Φ12	Φ6@200
$2100<L\leqslant3000$	墙厚×180	2Φ14	3Φ14	Φ6@150

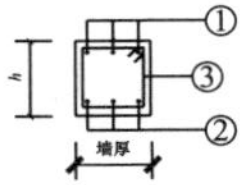

GLxx

过梁两端各压墙240mm

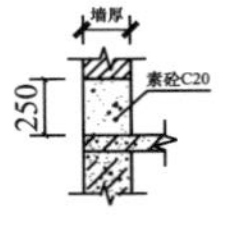

图01　翻沿做法

翻沿遇门时去掉

工程名称	综合办公楼	工程号	
项目名称		图　号	结施 1
图　名	结构设计说明	日　期	
		第 1 张　共 9 张	

图 4-11　结构设计说明

二、基础平面布置图，如图4-12所示

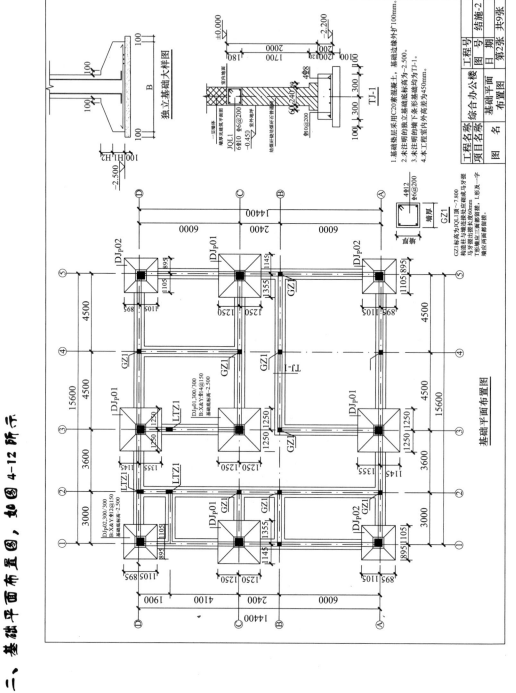

图4-12 基础平面布置图

三、一层柱平面布置图，如图 4-13 所示。

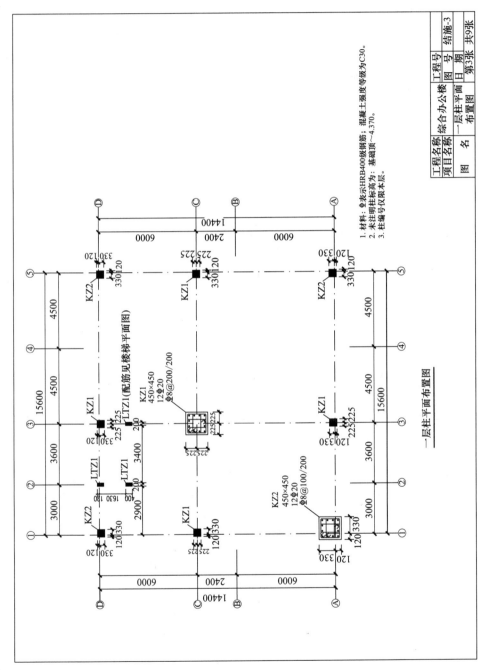

图 4-13 一层柱平面布置图

四、二层柱平面布置图，如图4-14所示。

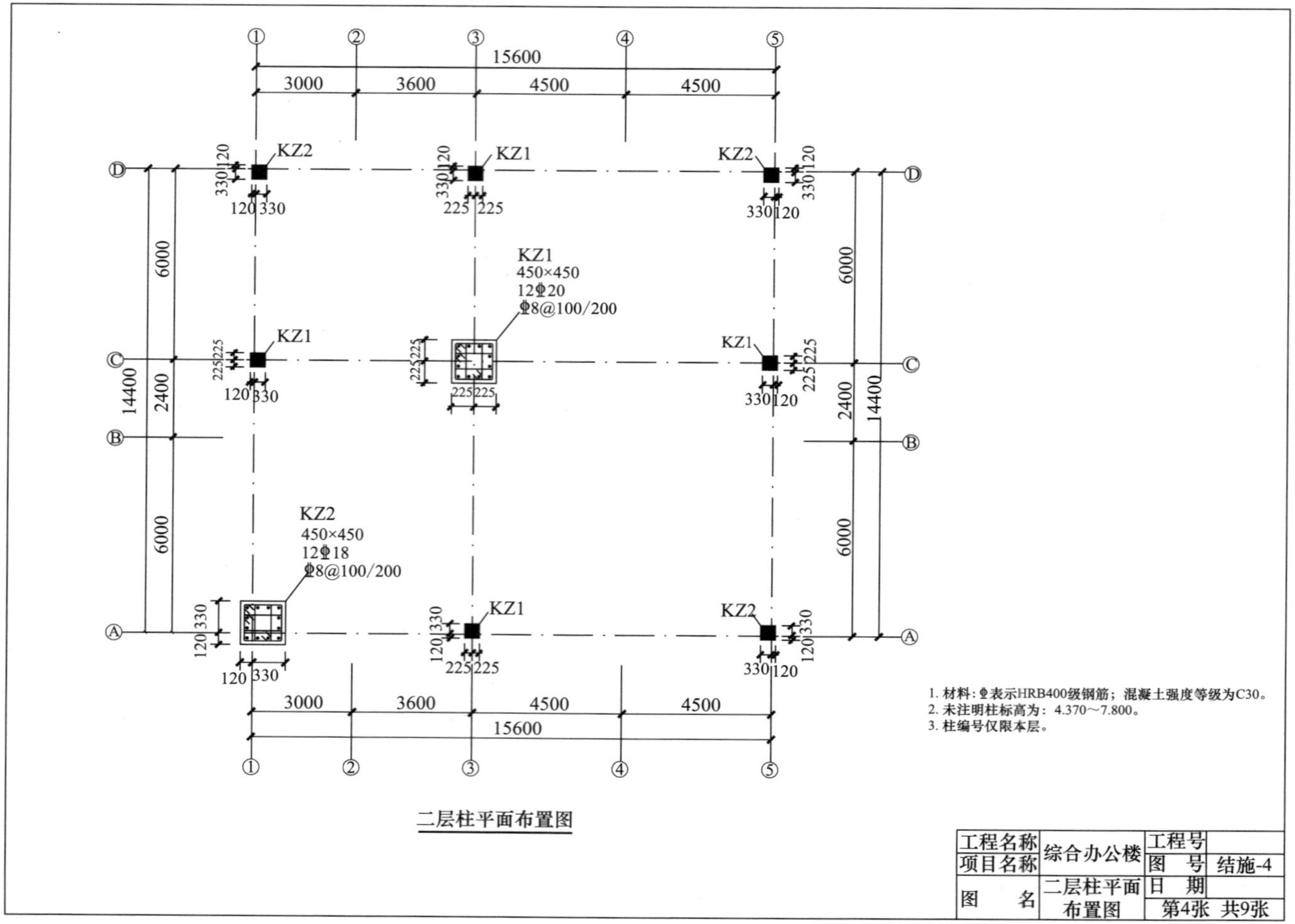

图4-14 二层柱平面布置图

五、一层楼面梁配筋图，如图4-15所示

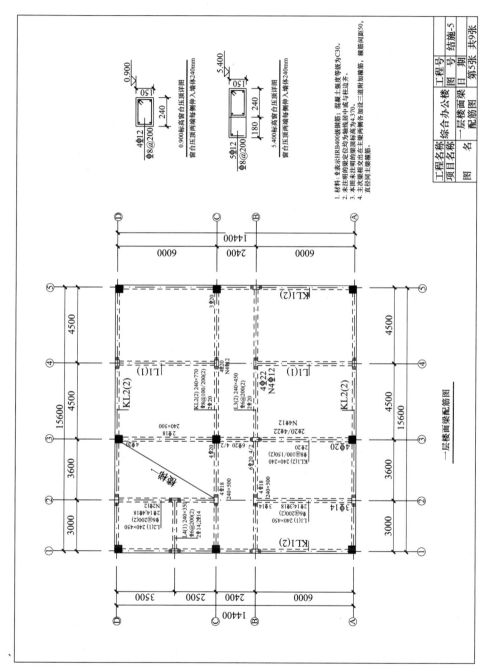

图4-15 一层楼面梁配筋图

六、二层楼面梁配筋图，如图 4-16 所示

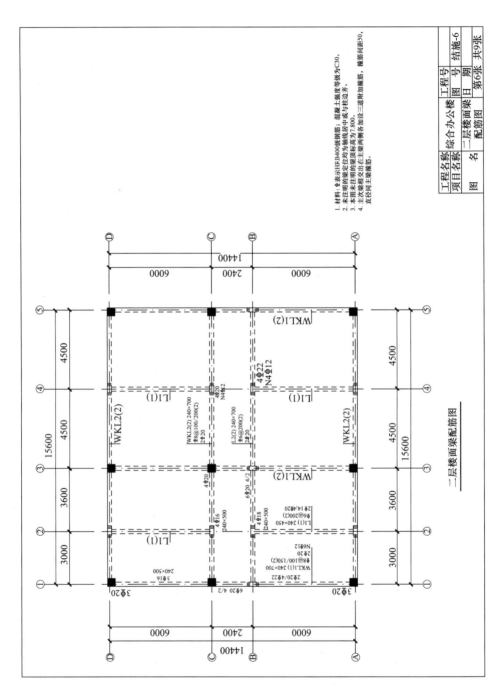

图 4-16 二层楼面梁配筋图

七、一层楼面板配筋图，如图4-17所示

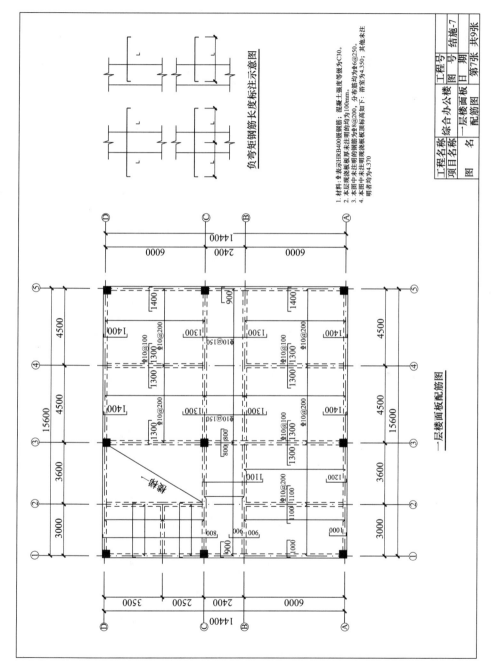

图4-17 一层楼面板配筋图

八、二层楼面板配筋图，如图4-18所示

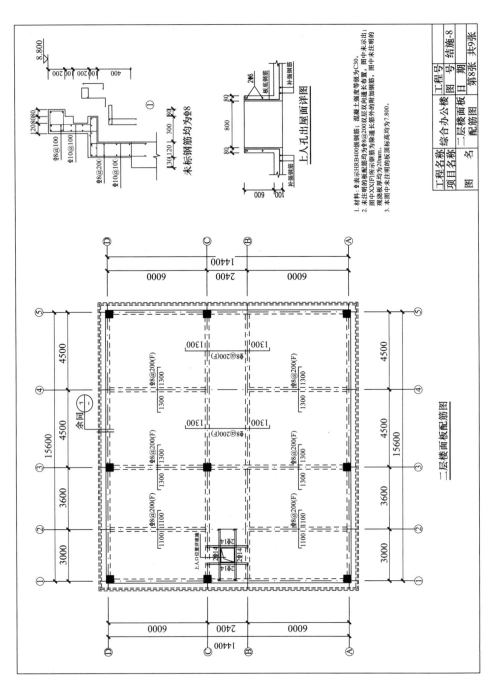

图4-18 二层楼面板配筋图

九、楼梯详图，如图 4-19 所示。

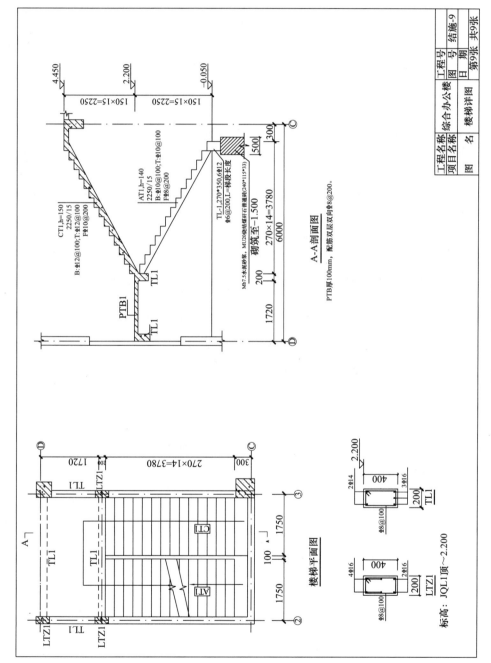

图 4-19 楼梯详图

参考文献

［1］中国建筑标准设计研究院. 混凝土结构施工图平面整体表示方法制图规则和构造详图（现浇混凝土框架、剪力墙、梁、板）：22G101-1［S］. 北京：中国标准出版社，2022.

［2］中国建筑标准设计研究院. 混凝土结构施工图平面整体表示方法制图规则和构造详图（现浇混凝土板式楼梯）：22G101-2［S］. 北京：中国标准出版社，2022.

［3］中国建筑标准设计研究院. 混凝土结构施工图平面整体表示方法制图规则和构造详图（独立基础、条形基础、筏形基础、桩基础）：22G101-3［S］. 北京：中国标准出版社，2022.

［4］张川，杨影. 建筑工程钢筋翻样基础与应用［M］. 北京：中国建筑工业出版社，2020.

［5］张川，贾毅，虞湛. 建筑工程计量与计价应用［M］. 北京：中国建筑工业出版社，2020.

［6］唐才均. 平法钢筋看图下料与施工排布一本通［M］. 北京：中国建筑工业出版社，2014.

［7］中华人民共和国住房和城乡建设部标准定额研究所. 房屋建筑与装饰工程消耗量定额：TY01-31-2021［S］. 北京：中国计划出版社. 2022.

［8］中华人民共和国住房和城乡建设部，中华人民共和国国家质量监督检验检疫总局. 房屋建筑与装饰工程工程量计算规范：GB 50854—2013［S］. 北京：中国计划出版社. 2013.

［9］山东省住房和城乡建设厅. 山东省建筑工程消耗量定额：SD 0131—2016［S］. 北京：中国计划出版社. 2016.

［10］乔广宇，沈健康，张川. 建筑工程工程量计算与清单定额应用高手速成必备［M］. 北京：中国建筑工业出版社. 2022.